受北京第二外国语学院"科技创新服务能力建设-高精尖学科建设-旅游管理"项目资助

地区环境差异、高管社会关系网络与企业创新

Regional Environmental Differences, Executive Social Network and Corporate Innovation

张　娟／著

图书在版编目（CIP）数据

地区环境差异、高管社会关系网络与企业创新/张娟著. —北京：经济管理出版社，2021.4
ISBN 978-7-5096-7904-3

Ⅰ.①地… Ⅱ.①张… Ⅲ.①企业管理—研究 Ⅳ.①F272

中国版本图书馆 CIP 数据核字(2021)第 067373 号

组稿编辑：杨国强
责任编辑：赵天宇
责任印制：黄章平
责任校对：张晓燕

出版发行：经济管理出版社
　　　　　（北京市海淀区北蜂窝 8 号中雅大厦 A 座 11 层　100038）
网　　址：www.E-mp.com.cn
电　　话：(010) 51915602
印　　刷：唐山玺诚印务有限公司
经　　销：新华书店
开　　本：720mm×1000mm/16
印　　张：13.25
字　　数：185 千字
版　　次：2021 年 6 月第 1 版　2021 年 6 月第 1 次印刷
书　　号：ISBN 978-7-5096-7904-3
定　　价：98.00 元

·版权所有　翻印必究·
凡购本社图书，如有印装错误，由本社读者服务部负责调换。
联系地址：北京市阜外月坛北小街 2 号
电话：(010) 68022974　　邮编：100836

前　言

我国拥有上下五千年的历史文化与广袤的地域，每个地区都有其独特的人文及社会风貌。各个地区在经济发展水平、地方政府监管、财政和信贷政策、金融产品市场等方面存在着较大的差异。公司经营及治理会受到所处地区外部环境因素的显著影响，尤其是企业创新，不仅需要长期的资金支持，而且需要高效的知识产权保护机制，还容易受到企业所处地区的环境因素影响。公司作为社会组成的重要成员，同时也是社会关系网络中的重要成员，国内外学者对公司的经营与治理的关注也会受社会网络的影响。因此，近年来国内外关于连锁董事及董事网络关系的研究不断增多，尤其是董事网络或连锁董事这一研究主题。本书研究对公司所处地区的客观环境因素对企业创新的影响，如地区法律环境、地区文化、地区资本市场发展程度等。同时探究我国上市公司高管社会关系（连锁董事、高管联结、董事网络）网络对企业创新的影响，并重点研究高管社会关系网络在地区客观环境因素影响企业创新机制中所发挥的调节作用。

本书整体分为三部分，共八章内容，其中第一部分为本书的基础，包括第一章绪论与第二章理论基础和文献综述，主要介绍了本书的研究背景与研究意义，阐述了本书相关的理论基础与国内外相关文献的梳理与述评。第二部分为本书的实证研究部分，包括第三章高管社会关系网络及地区环境差异变量设计、样本选择和描述性统计，第四章高管社会关系网络与企业创新，第五章地区法律环境、高管社会关系网络与企业创新，第六章地区文化、高管社会关系网络与企业创新及第七章地区资本市场、高管社会关系网络与企业创新。以上五章内容为本书的重点与难点，主要是对本书的主要研究问题进行实证研究，提供了地区环境差异、高管社会关系网络对企业创新的实证研究的证据。第三部分为第八章研究结论。

本书将公司的高管通过在其他公司兼任高管职位所建立的网络关系定义为高管联结，其中高管不仅包括董事会成员，还包括负责公司日常经营决策的高管（总经理、副总经理、董事长、副董事长、CEO等），负责财务工作的高管（财务总监、总会计师、总经济师等）以及监事会成员等公司高管。基本研究结论如下：

第一，本书实证分析了高管社会关系网络对企业创新的影响，并将处于网络中的公司分为目标公司与联结公司，进而分析了高管社会关系网络对目标企业以及联结企业的创新的影响。我们发现，高管社会关系网络显著地促进了企业创新，这说明高管社会关系网络中所镶嵌的可获得的各项资源，以及网络本身具备的学习效应促进了企业创新。当我们把样本分为目标公司与联结公司后，结果表明，联结公司的创新水平显著提升。处于高管社会关系网络中的企业，尤其是创新水平较高的企业，其成功经验会成为网络中其他联结企业的学习内容，通过沟通与交流，提高了联结企业的创新水平。另外，本书将高管社会关系网络进一步分为同一控制下与非同一控制下的高管社会关系网络、董事网络与非董事网络、管理层网络与非管理网络，并对每一种类型的高管社会关系网络进行了实证分析。结果发现：对于同一控制与非同一控制的高管社会关系网络，其对企业创新产出均为显著正向影响；对于企业创新产出，董事网络与非董事网络的影响作用有显著的差异，董事网络显著正向影响企业创新产出，而非董事网络的影响则不显著；对于管理层网络与非管理层网络而言，二者对企业创新产出表现为显著正向影响；以上高管社会关系网络的分类研究，总体而言对企业创新投入均没有显著的作用，而对企业创新产出的影响有显著的差异。

第二，本书检验了法律环境对企业创新的影响，并分析了高管社会关系网络在法律环境与企业创新的关系中的影响作用。经过实证检验我们发现，法律环境会影响企业对创新的投入以及创新产出的水平，此外，我们认为高管社会关系网络对法律环境影响企业创新的机制中具有正向的调节作用，即高管社会关系网络强化了法律环境对企业创新的影响。但通过进一步分析，我们发现由具有不同职业背景的高管建立的高管社会关系网络，其在发挥法律环境影响企业创新产出的调节作用中存在显著的差异，结果表明，具有律师专业背景的高管社会关系网络能够显著降低法律环境对企业创新产出的影响，而非律师专业背景的高管社会关系网络则显示出显著强化法律环境对企业创新产出的影响，究其原因，可能是由于具有律师背景的高管社会关系网络其蕴含着的法律知识或信息相关的资源能够显著降低法律环境对企业创新产出的影响，主要是对专利的影响；而非律师背景的高管社会关系网络则不具备法律等相关资源，因此无法降低法律环境对企业创新的影响，反而强化了其对企业创新产出的影响程度。

第三，本书检验了地区文化环境对企业创新的影响，并分析了高管社会关系网络在文化环境与企业创新的关系中的影响作用。经过实证检验我们发现，高管社会关系网络可以显著促进企业创新，同时地区文化会影响企业创新的水平，此外，研究结果表明，高管社会关系网络对地区文化影响企业创新的机制中具有正向的调节作用，即高管社会关系网络强化了地区文化对企业创新的影响。通过进一步分析，我们发现将企业创新划分为企业发明类创新以及非发明类创新后，高管社会关系网络对二者均呈显著的促进作用；但地区文化对二者的影响存在差异，地区文化显著促进企业发明类创新产出，而对企业非发明类创新没有显著的影响；高管社会关系网络对地区文化影响企业发明类与非发明类创新没有显著的差异，均呈显著的正向调节作用。此外，我们将高管社会关系网络划分为具有设计背景与非设计背景的高管组成的社会关系网络，发现由具有不同职业背景的高管建立的高管社会关系网络,其在发挥地区文化影响企业创新产出的调节作用中存在显著的差异,结果表明,具有设计背景的高管社会关系网络在地区文化影响企业创新中发挥的正向调节作用不显著,具有非设计背景的高管社会关系网络在地区文化影响企业创新中发挥了显著的正向调节作用,意味着具有非设计背景的高管社会关系网络显著强化了地区文化对企业创新的影响。

第四,本书检验了地区资本市场发展程度对企业创新的影响,并分析了高管社会关系网络在地区资本市场发展环境与企业创新的关系中的影响作用。经过实证分析我们发现,高管社会关系网络能够显著提升企业创新的水平,同时,由于企业创新需要持续性的资金支持,因此,地区资本市场的发展程度显著影响了企业创新水平的提升。此外,我们发现高管社会关系网络在对地区资本市场发展程度影响企业创新的机制中发挥了显著正向的调节作用,即高管社会关系网络强化了地区资本市场发展程度对企业创新的影响。通过进一步的分析,我们将高管社会关系网络按照高管的财务专业背景与非财务专业背景划分为财务背景的高管社会关系网络与非财务背景的高管社会关系网络,通过对不同专业背景的高管社会关系网络发挥调节作用的分析,我们发现两种高管社会关系网络均对企业创新投入与企业创新产出具有显著的促进作用,但不同职业背景的高管社会关系网络在资本市场发展程度影响企业创新的调节作用中则显示出了显著的差异。具体而言,具有财务背景的高管社会关系网络没有发挥显著的调节作用,而非财务背景的高管社会关系网络在资本市场发展程度对企业创新的影响中发挥了显著的正向调节作用。该结果表明,不同职业背景的高管社会关系网络在对地区资本市场影响企业创新中发挥的调节作用存在显著的差异。另外,企业所处地区的资本市场发展程度存在差异,企业获取资金的难易程度也受到资本市场的影响,进而影响企业创新投入及企业创新产出。因此,我们将地区资本市场的发展程度分为发达与不发达两种类型,进而做了实证分析,发现当公司处于资本市场发展较好的地区时,公司本身可以从当地资本市场获得企业创新的资金支持,此时高管社会关系网络则没有发挥更大的作用,体现为高管社会关系网络在资本市场发展程度对企业创新的影响中没有发挥显著的调节作用;而对于处于资本市场欠发达地区的公司来说,由于其从当地资本市场获得资金支持企业创新具有难度,此时高管社会关系网络则可以发挥其资源镶嵌的优势,帮助处于网络中的公司获取所需资源,从而提升企业创新水平,体现为高管社会关系网络在资本市场发展程度对企业创新的影响中发挥了显著的正向调节的作用。总体而言,我们发现在资本市场发展程度不同的地区,高管社会关系网络在资本市场影响企业创新中发挥的调节作用存在显著的差异。我们将影响企业获得企业创新资金支持的另一个重要因素——企业规模分为大规模与小规模,进而对两个样本进行实证研究分析,发现企业规模大小能够显著影响公司在当地资本市场获得资金。因此,我们通过进一步分析,发现高管社会关系网络在发挥地区资本市场发展程度影响企业创新的调节作用时,受到企业规模的影显著影响,在规模较大的公司中,高管社会关系网络对资本市场发展程度影响企业创新的机制中没有发挥显著的调节作用,而在规模较小的公司中,高管社会关系则在上述机制中发挥了显著的正向调节作用。总体而言,我们发现对规模不同的企业,高管社会关系网络在资本市场影响企业创新中发挥的调节作用存在显著的差异。

通过本书的研究,我们得到的启示为高管社会关系网络已成为上市公司普遍存在的现象,研究结果表明了高管社会关系网络能够显著促进企业创新,并且在地区法律环境、地区文化以及地区资本市场发展程度影响企业创新中表现出了显著的调节作用。通过进一步的研究,我们发现不同职业背景的高管所建立的社会关系网络,其所发挥的调节作用具有显著的差异。本书对法律职业背景、设计职业背景以及财务职业背景进行了分析。根据研究结论,我们认为处于法律环境欠发达地区的公司,可以通过与具有法律职业背景的高管建立社会关系网络,从而缓解地区法律缓解对企业创新的约束,进而提升企业创新水平。处于地区文化环境包容性较差地区的公司,可以通过与具有设计职业背景的高管建立社会关系网络，进而减弱地区文化环境对企业创新的影响程度，从而提升企业创新水平。处于资本市场欠发达地区的公司，可以主动去建立具有"财务背景"的高管社会关系网络，从而缓解由于本地区资本市场欠发达等客观因素导致的阻碍企业创新水平的提升。

本书的创新点：对高管社会关系网络的研究视角从"经济后果"方面拓展至"影响因素"层面，尝试性地将高管社会关系网络对公司行为或公司治理效果的研究框架，即"社会关系网络—公司行为"的研究逻辑与公司间所处的不同地区相结合，试图构建并验证以"高管社会关系网络—地区环境差异—企业创新"为主轴的理论模型。该理论模型不仅关注了高管社会关系网络影响公司行为及公司治理效果的机理，也显示了关系网络的外部环境的影响。

尽管现有的研究证明了高管社会关系网络的治理机制以及对公司行为的影响，但已有的高管社会关系网络的研究未能厘清在外部治理环境存在差异的情况下高管社会关系网络与公司治理及行为之间的关系，那么循着"高管社会关系网络—地区环境差异—企业创新"的研究逻辑，揭示高管社会关系网络与企业创新之间的关系及具体作用路径，可以弥补现有研究不足，更有利于高管社会关系网络对公司治理及公司行为研究的深入，也是社会网络与公司治理相关领域实证研究的必然趋势。

目 录

第一章 绪论 … 1

第一节 选题背景与研究意义 … 1
第二节 研究目标、思路与方法 … 4
第三节 研究主要内容 … 6
第四节 主要研究概念 … 9
第五节 研究创新点 … 11

第二章 理论基础和文献综述 … 13

第一节 理论基础 … 13
第二节 地区环境差异相关文献综述 … 25
第三节 高管社会关系网络相关文献综述 … 30
第四节 企业创新相关文献综述 … 44
第五节 国内外文献述评 … 46

第三章 高管社会关系网络及地区环境差异变量设计、样本选择和描述性统计 …… 49

第一节 地区环境差异变量设计及度量 …… 49

第二节 高管社会关系网络变量设计 …… 50

第三节 企业创新 …… 51

第四节 样本选择 …… 52

第五节 描述性统计 …… 52

第四章 高管社会关系网络与企业创新 …… 54

第一节 概述 …… 54

第二节 文献综述与研究假设 …… 55

第三节 研究设计 …… 59

第四节 实证研究结果分析 …… 61

第五节 稳健性检验 …… 70

第六节 小结 …… 72

第五章 地区法律环境、高管社会关系网络与企业创新 …… 75

第一节 概述 …… 75

第二节 文献综述与研究假设 …… 76

第三节 研究设计 …… 78

第四节 实证研究结果分析 …… 80

第五节 稳健性检验 …… 88

第六节 小结 …… 99

第六章 地区文化、高管社会关系网络与企业创新 …… 100

第一节 概述 …… 100

第二节 文献综述与研究假设 ………………………………………… 101

第三节 研究设计 …………………………………………………………… 103

第四节 实证研究结果分析 …………………………………………… 105

第五节 稳健性检验 ……………………………………………………… 119

第六节 小结 ………………………………………………………………… 128

第七章 地区资本市场、高管社会关系网络与企业创新 ……… 130

第一节 概述 ………………………………………………………………… 130

第二节 文献综述与研究假设 ………………………………………… 131

第三节 研究设计 …………………………………………………………… 133

第四节 实证研究结果分析 …………………………………………… 135

第五节 稳健性检验 ……………………………………………………… 152

第六节 小结 ………………………………………………………………… 162

第八章 研究结论 …………………………………………………………… 164

第一节 主要研究结论 …………………………………………………… 164

第二节 政策建议 …………………………………………………………… 169

第三节 研究局限性及未来展望 ……………………………………… 170

参考文献 …………………………………………………………………………… 172

第一章　绪论

第一节　选题背景与研究意义

一、选题背景

在 2012 年党的十八大会议上，中央做出了创新驱动发展战略部署，随后，中共中央、国务院相继发布了《中共中央国务院关于深化体制机制改革加快实施创新驱动发展战略的若干意见》《深化科技体制改革实施方案》《国家创新驱动发展战略纲要》，说明我国正处于创新驱动转型的关键时期。我国拥有上下五千年的历史文化与广袤的地域，每个地区都有其独特的人文及社会风貌。企业是社会中的重要成员，其经济行为与经营活动都是嵌入社会网络中的（Granovetter，1985），同样地，也会受到地区特色的熏陶与影响。此外，我国各地区在经济发展水平、地方政府监管、财政和信贷政策、金融产品市场等方面存在相当大的差异（宋玉等，2012），进而对上市公司的分布产生了较大的影响。公司经营及治理会显著受到所处地区外部环境因素的影响，尤其是企业创新，不仅需要长期的资金支持，而且需要高效的知识产权保护机制，更容易受到企业所处地区的环境因素影响。

企业作为社会组成的重要成员，也是社会关系网络中的重要成员，学者们关注到企业的经营与治理也会受到社会网络的影响，因此，近年来国内外关于连锁董事及董事网络关系的研究不断增多，尤其是董事网络或连锁董事这一研究主题。据相关资料显示，我国上市公司的兼任现象在2007～2018年的平均比例为85%～90%。通过梳理我们发现，有关连锁董事或董事网络的研究主要集中在两个方面：其一，是探究这种组织间网络形成的原因（资源依赖理论、监督控制理论、金融控制理论、合谋理论和地理空间机制等）；其二，是分析这种组织间网络在个体、组织、社会、国家层面带来的经济后果（"小世界""精英圈子"、公司行为及公司治理效果，例如"毒丸计划""结构洞理论"等）。因此，在对我国上市公司的企业创新进行研究时，不仅需要考虑公司所处地区的客观因素，也需要考虑企业所处地区的特色对社会关系网络的影响。

本书对公司所处地区的客观环境因素对企业创新的影响，如地区法律环境、地区文化、地区资本市场发展程度等进行了研究，同时探究我国上市公司高管社会关系（连锁董事、高管联结、董事网络）网络对企业创新的影响，重点研究高管社会关系网络在地区客观环境因素影响企业创新机制中所发挥的调节作用。

二、研究意义

（1）理论意义。

已有关于企业创新的研究，多是关于外部制度环境对企业创新的影响，如法律保护程度、地区银行竞争等客观因素。也有一部分研究关注了公司特征对企业创新的影响，如公司规模、融资约束、创新投入等。此外，一些学者关注了企业家特征对企业创新的影响，如管理者能力、学历、从军经历等。本书主要关注企业所处地区客观环境，如地区法律环境、地区文化环境、地区资本市场发展程度对企业创新的影响机制。另外，在高管社会关系网络的研究领域，既有研究主要论证了高管社会关系网络的经济后果，如对公司治理以及公司业绩等方面的影响，阐明了高管社会关系网络如何影响公司治理效果或公司行为。本书则关注了高管社会关系网络对企业创新的影响机制。虽然已有研究表明高管社会关系对企业创新具有显著的促进作用，主要是通过镶嵌于关系网络中的资金及智力资本发挥影响（王营和张光利，2019），但本书与已有研究具有不同的视角，以高管社会关系网络在地区环境因素影响企业创新机制中发挥的调节作用为研究视角。因此，本书拓展了高管社会关系网络研究相关理论的深度。

（2）实践意义。

我国正处于创新驱动转型的关键时期，企业创新作为关键环节，提升企业创新水平至关重要。企业创新水平除了受到企业自身特征以及所处地区客观环境等因素的影响外，还应关注高管社会关系网络对企业创新的影响。目前，我国证监会等相关监管机构对上市公司的董事会、监事会以及独立董事等成员做出了相关的限制。例如，对每家上市公司董事会中成员比例以及相关专业和学历设置了详细的要求（董事会成员中至少有 1/3 应为独立董事，其中至少有 1 名财务专家等）。此外，证监会等监管部门也对上市公司高管的兼职做出了相应的限制，例如，独立董事任职数量最多不超过五个等。对公司以及高管个人做出限制的出发点在于提高公司治理的有效性。本书有以下几方面意义：①研究成果有助于缓解由于企业所处地区客观环境因素抑制提升企业创新水平的情况。引导处于地区客观环境欠发达地区的公司通过主动建立高管社会关系网络提升企业创新水平。②研究成果有助于在政府等监管机构利用相关政策及引导措施优化上市公司的治理结构。③研究成果也有助于上市公司通过高管在其他公司兼职的方式建立高效的社会关系网络，提高公司治理效果或影响公司行为，从而增加企业价值。

第二节 研究目标、思路与方法

一、研究目标

本书主要讨论公司所处地区环境因素对企业创新的影响,主要是法律环境、地区文化以及地区资本市场发展程度。同时关注高管社会关系网络在地区环境因素对企业创新产生影响中所发挥的调节机制。通过文献梳理以及大样本的实证分析后,希望实现以下目标:①确定地区法律环境、地区文化、地区资本市场发展程度的表征变量,并做出理论解释和实证检验;②形成"高管社会关系网络、地区环境对企业创新的影响机理"的理论研究框架;③在理论框架的基础上,通过大样本实证分析验证地区法律环境、地区文化、地区资本市场发展程度,以及高管社会关系网络对企业创新的影响机理。期冀通过本书研究的成果,拓展社会关系网络影响公司行为的相关理论的研究深度,并在应用层面为上市公司监管及公司治理等相关政策制定提供相应的理论基础、分析工具和政策依据。

二、研究思路

本书拟基于上市公司高管社会关系网络,以公司所处地区环境特征如何影响企业创新的研究逻辑作为切入点,围绕"高管社会关系网络在地区环境特征对企业创新的影响中所发挥的调节机制"问题,深入考察高管社会关系网络对企业创新产生影响的机理,以及高管社会关系网络在不同地区环境特征下,对企业创新产生影响的差异。本书的研究逻辑如图1-1所示。

三、研究方法

本书将通过使用规范研究与实证研究结合的研究方法,全面地对地区环境差

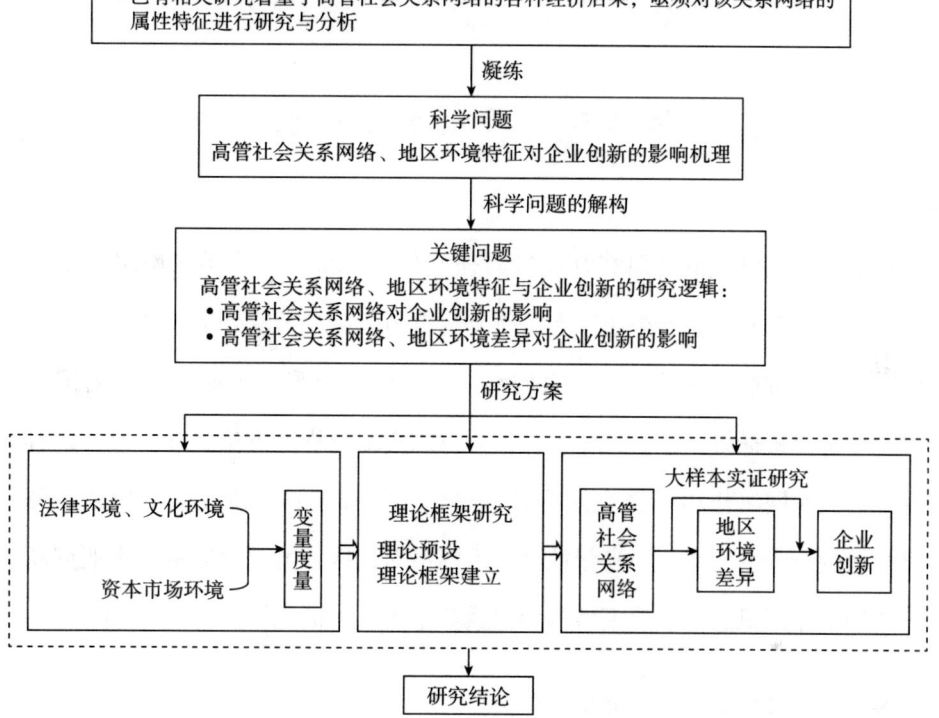

图1-1 本书的研究逻辑

异影响企业创新的机制,以及高管社会关系网络在地区环境与企业创新之间的关系所起到的调节作用机制展开分析与研究。首先,通过阅读与梳理地区环境差异影响企业创新的相关文献,同时对高管联结相关领域的国内外文献进行梳理,对地区环境差异对企业创新的影响以及高管社会关系网络在其中可能发挥的调节作用有了基本的研究思路,并在此基础上设计研究题的研究路线与研究程序。其次,对地区环境差异以及高管社会关系网络进行定义,在此基础上通过描述性统计、单变量检验、多元回归分析等实证研究方法对地区环境差异影响企业创新进行检验，在此基础上展开高管社会关系网络在地区环境差异影响企业创新中发挥调节作用的检验。最后，为了确保主要实证结果的稳健性，本书通过滞后变量、替换变量、Tobit回归等实证研究方法对可能存在的内生性问题进行控制。

第三节 研究主要内容

本书的研究以上市公司高管通过兼任职位所形成的社会关系网络为研究对象，将社会关系网络影响企业行为的研究逻辑与上市公司所处地区的环境差异相结合，总体上按照"高管社会关系网络—地区环境差异—企业创新"的逻辑主线预设理论分析框架，基于大样本统计分析的实证分析等方法展开研究，以打开高管社会关系网络作用于企业创新的"黑箱"规律。具体研究包括地区环境差异对企业创新影响的研究、高管社会关系网络对地区环境差异影响、企业创新中发挥的调节作用机制的理论模型构建以及基于大样本的实证分析。

一、地区环境差异表征变量的研究

高管社会关系网络作为公司所处社会网络结构中的重要组成部分，分析其自身特征属性对企业行为的影响机理，可以帮助理解社会关系对公司经营与治理的影响。因此，对其特征属性的研究将为后续理论模型的构建以及统计分析提供理论支撑，具体研究逻辑如图1-2所示。

（1）地区环境差异变量的确定。

我国上市公司分布在不同的城市或地区，而我国各地区的经济发展水平、文化习俗、法律水平以及政府的监督都存在一定的差异，因此上市公司所处地区的地区环境具有异质性。本书对地区环境差异展开研究，确定地区环境差异的表征变量，采用文本分析法对既有文献做进一步的梳理和归纳，并结合企业创新的影

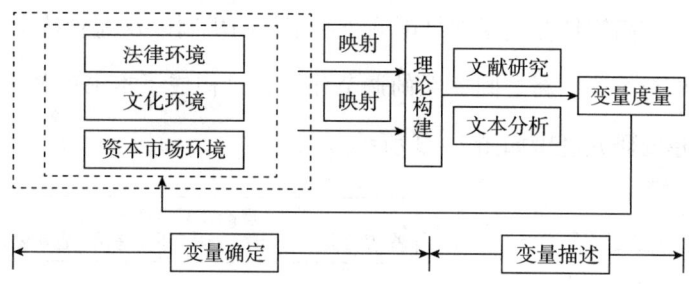

图 1-2 研究逻辑

响因素最终确定使用地区法律环境、地区文化环境、地区资本市场发展程度三个维度来度量地区环境差异。

（2）地区环境差异变量的描述及量表开发。

本部分首先基于地区环境差异变量的基本概念，并将其映射到企业创新情境下的具体理论构建；其次，通过文献研究，广泛采用先前研究者建立的并被广泛应用的方法构建地区环境差异的表征变量，用以反映地区环境差异变量的理论构建，并最终确定地区环境差异的表征变量。

二、高管社会关系网络、地区环境差异与企业创新的理论框架构建

基于文献分析法，初步提出高管社会关系网络、地区环境差异及企业创新之间的逻辑关系。第一，由于我国上市公司高管兼任职位的现状及既有文献对连锁董事（董事网络、高管联结）的研究成果，本书将高管社会关系网络界定为企业间由高管通过在其他上市公司兼任职位所形成的网络关系。第二，处于不同地区的企业，其法律环境、文化环境、资本市场环境具有异质性，因此，对所处地区的企业的经营与治理的影响存在异质性，对企业创新的影响也同样存在显著的异质性。第三，高管社会关系网络通过网络中镶嵌的资源影响企业创新。而高管社会关系网络与地区环境同样作为影响企业经营与治理行为的因素，高管社会关系网络在地区环境差异作用于企业创新的作用过程可能具有调节作用。综上所述，本书将考察高管社会关系网络影响企业创新的机制以及高管社会关系网络在地区环境差异与企业创新之间关系的调节作用，这构成了本书的核心概念模型。理论模型构建的研究逻辑如图1-3所示。

图1-3 理论模型构建的研究逻辑

三、高管社会关系网络、地区环境差异与企业创新理论模型的实证分析

本部分将运用大样本实证研究模型，分析地区环境差异对企业创新的影响机理；然后，运用DID方法分析高管社会关系网络对地区环境差异与企业创新之间的调节作用进行验证。具体研究逻辑如图1-4所示。

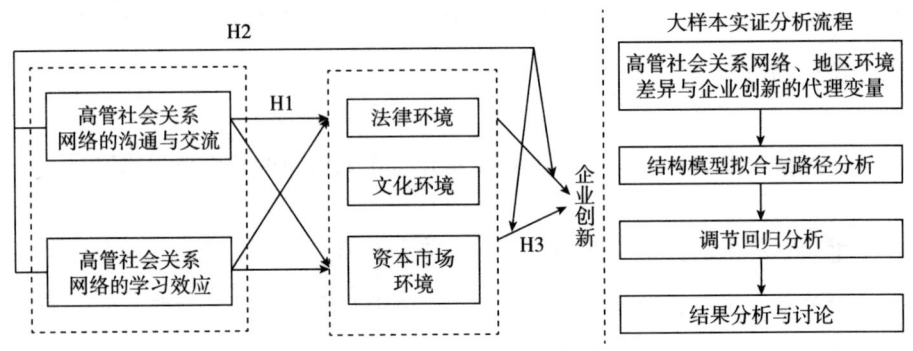

图1-4 理论模型大样本实证研究逻辑

（1）高管社会关系网络、企业创新的表征变量。

首先，对上市公司高管通过兼任其他上市公司高管所建立的社会关系网络以及企业创新，在分析既有文献的基础上，选取认可度较高的相关表征变量衡量社会关系网络以及企业创新。

(2) 实证研究模型检验。

构建验证高管社会关系网络为中介变量作用于企业创新的理论模型，通过 CSMAR、Wind 以及半结构化访谈等方式获取实证研究所需的样本数据，在模型进行参数估计后，检验假设理论模型与观察数据的拟合程度，经多次拟合与模型修正获得最佳拟合模型，进而分析各变量的关联性，揭示高管社会关系网络在地区环境差异影响企业创新的作用路径中发挥的调节作用机制。

(3) 调节回归分析。

本书将首先检验高管社会关系网络对企业创新影响的显著性，数据显著则说明高管社会关系网络对企业创新存在影响。其次，检验地区环境差异对企业创新影响的显著性，数据显著则表明地区环境差异与企业创新间关系的直接作用。最后，检验高管社会关系网络与地区环境差异交互项的显著性，数据显著则说明调节作用成立。

第四节 主要研究概念

一、高管社会关系网络

本书将高管社会关系网络定义为公司的高管（董事、监事、总经理、财务总监等高级管理层）通过在其他公司中兼任管理层职位（如董事、监事、其他管理层职位等）而形成的关系网络。借鉴国内外学者的方法（Stuart 和 Yim，2010；张娆，2014；等等），本书将高管社会关系网络变量的度量如下：

当 A 公司的高管通过兼任职位的形式在 B 公司兼任高管职位时，高管社会关系网络取值为 1，表明 A 与 B 公司互为联结关系；当 A 公司的高管没有在其他公司兼任职位的情况时，高管社会关系网络（Interlock）取值为 0，表明 A 公司与其他公司之间不存在联结关系。

二、地区环境差异

（1）法律环境。

本书以各年度法治环境指数中位数为界构建的哑变量，当公司所在省份法制环境指数高于当年所有上市公司法治环境指数中位数时取值为1，代表法制水平高；等于或低于中位数时取值为0，代表低法制水平。之所以构建哑变量，而未直接采用各年度地区法制环境指数，主要是考虑到跨年度的地区法制环境指数可能缺乏足够的可比性。

（2）文化环境。

在选取地区文化的代理变量时，本书选取地区文化产业聚集程度指标，该指数越高，表示该地区的文化产业聚集程度越高。文化产业聚集程度代表了地区的第三产业的发达程度，发达程度越高，一定程度表明该地区的文化以包容、思想的开放程度较高，该地区对各种文化的包容性越强。

（3）资本市场环境。

在选取资本市场发达程度的代理变量时，本书借鉴李涛和徐昕（2005）及朱红军等（2006）的做法，使用王小鲁等（2016）《中国分省份市场化指数报告》中所提供的数据，构建各省市的资本市场发达指数，该指数越高，表示该地区的资本市场发展越优良。

三、企业创新

创新是既抽象又具体的，并且具有多种表现形式，包括技术水平、管理、服务、包装设计等（蔡晓月，2009）。创新可以根据创新的领域、创新的行为主体、创新的表现形式、创新的方式、创新的意义以及创新的效果等来分类。例如，技术创新、管理创新和制度创新等。

本书使用企业的专利申请数量（包括专利、发明与外观设计专利）与1之和的自然对数作为企业创新产出的代理变量（潘红波和张睿，2016）。由于企业的专利申请与授权具有滞后性，当年申请或授权的专利，并不能表明该专利是当年的成果，而有很大可能是前面几年的成果，因此，在稳健性检验中，本书设置了创新的滞后1期、滞后2期数据，分别在实证检验模型中分析（潘红波和张睿，2016；姚立杰和周颖，2018）。同时，本书也采取了企业研发投入占销售收入比例作为企业创新投入的代理变量。

第五节 研究创新点

一、将高管社会关系网络的研究视角从"经济后果"拓展至"影响因素"层面

本书对高管社会关系网络的研究视角从"经济后果"方面拓展至"影响因素"层面，尝试性地将高管社会关系网络对公司行为或公司治理效果的研究框架，即"社会关系网络—公司行为"的研究逻辑与公司间所处的不同地区相结合，试图构建并验证"高管社会关系网络—地区环境差异—企业创新"为主轴的理论模型。该理论模型不仅关注了高管社会关系网络影响公司行为及公司治理效果的机理，也显示了关系网络的外部环境的影响。

二、揭示了高管社会关系网络对企业创新的影响机理，升华了高管社会关系网络的研究

尽管现有的研究证明了高管社会关系网络的治理机制以及对公司行为的影响，但已有的高管社会关系网络的研究未能厘清在外部治理环境存在差异的情况中高管社会关系网络与公司治理及行为之间的关系，那么循着"高管社会关系网

络—地区环境差异—企业创新"的研究逻辑,揭示高管社会关系网络与企业创新之间的关系及具体作用路径,可以弥补现有研究不足,更有利于高管社会关系网络对公司治理及公司行为研究的深入,也是社会网络与公司治理相关领域实证研究的必然趋势。

第二章 理论基础和文献综述

第一节 理论基础

一、信号传递理论

信号传递理论是用来解决在公司经营中信息不对称带来的第一个问题——逆向选择的方法之一。信号传递理论一方面可以解释公司的自愿信息披露行为，另一方面也可以用来解释公司资本成本的高低。在资本市场中，由于潜在的投资者与公司内部管理层之间存在信息不对称的问题，投资者对市场中的所有公司都要求较高的投资回报率，不对业绩好的公司和业绩差的公司进行区分。此时，业绩较好的公司将会通过自愿性的信息披露向投资者传递积极的信号，以期投资者降低对公司的投资回报率，从而降低公司的资本成本，增加公司的竞争力，提高公司价值。对整个资本市场而言，降低信息不对称的程度，将有利于提高整体资源配置，提高资金使用效率。

公司的高管通过在其他公司兼任职位而形成的网络联结关系在一定程度上向外界传递两个方面的信号：一方面是公司之间通过共享董事（高管）可以向市

场或投资者传递一种信息透明度较高的信号,例如,如果公司与财务信息质量较好的公司存在联结关系,那么投资者可能认为该公司的财务信息质量也比较好,投资风险较低。另一方面是高管个人通过在其他公司兼任职位向经理人市场传递其在某个专业领域专家身份的信号,有利于高管在未来获得更多的兼任职位的机会和更好的职业前景。

二、信息不对称理论

Akerlof(1970)提出了旧车市场中由于市场参与者对信息的掌握程度不同而导致了信息不对称问题。信息获取较充分的市场参与者在交易过程中处于优势地位,通常可以以较低的成本完成交易,而信息获取较少的市场参与者处于劣势地位,通常需付出较高的成本完成交易。在资本市场中也存在类似的情况,现代公司经营权与所有权的分离,导致了所有者与经营者对公司内部经营信息的掌握程度不同,相对于所有者而言,公司的经营者对公司内部的经营等真实情况的了解更加直接与详细。因此,鉴于现代公司制度的特征,股东与管理者之间存在信息不对称的问题。信息不对称又可以按照时间不同分为事前信息不对称和事后信息不对称,事前信息不对称会导致逆向选择,而事后信息不对称则会导致道德风险。一般情况下,国内外学者对信息不对称的研究大多指的是上述两种情形。

在资本市场中,信息不对称对市场参与者的影响也非常大,由于存在信息不对称,潜在的投资者对公司的信息了解不够充分,导致潜在的投资者向公司要求较高的风险回报率,致使公司的资本成本上升,并且在很大限度上影响了整个资本市场的资源配置效率(逆向选择)。另外,由于股东在与公司管理层确定委托代理关系前并没有完全了解管理层的经营能力以及经营理念是否适合公司,因此在确定代理关系后很可能会出现道德风险的情况,例如盈余管理、在职消费、帝国建造等(道德风险)。此外,虽然中国目前的经理人市场并不成熟,但在人力资本市场中的信息不对称情况也很常见,例如,在董事兼任其他公司董事会职务的市场中,由于信息不对称的存在,可能会出现逆向选择与道德风险的情况。Fama(1980)以及Fama和Jensen(1983)在文章中指出外部董事的兼职市场是董事积累监管专家声誉的重要来源和激励动机,并提出连锁董事通过兼任职位向市场传递一种他们的"专家"信号,从而有利于获得更多的董事职位。综上所述,信息不对称理论在资本市场、公司经营,以及经理人市场(董事兼职市场)中都起到至关重要的作用。

三、声誉假说理论

Fama和Jensen(1983)在他们的研究中提出外部董事可以公正地监督管理层做出正确的经营决策的原因在于,外部董事受到了决策控制权市场的专家声誉的激励。外部董事所在公司的经营业绩与经营决策成为向外界传递其监督效率很好的信号之一;此外,获得的外部董事席位越多,意味着其在治理领域的专业能力更强,专家声誉更高。另外,当外部董事所在公司的经营决策出现问题或经营业绩惨淡时,向外界传递的信号则对外部董事不利,市场可能认为其监督不力或有可能与管理层合谋,对外部董事的专家声誉的损害非常大。一方面,Fama(1980)以及Fama和Jensen(1983)在文章中指出外部董事的兼职市场是董事积累监管专家声誉的重要来源和激励动机。此外,他们认为董事如果在某一家公司中处理过某些业务并取得成功,将会向外部市场传递董事是某方面业务处理的专家信号,有助于董事在未来获得其他公司董事会席位的机会。许多学者将外部董事持有的董事职位数量作为董事在外部劳动市场的声誉的代理变量(Shivdasani,1993;Vafeas,1999;Brown和Maloney,1999)。也有许多研究认为获得"精英圈子"的认可并进入相关领域的"精英网络"是连锁董事的主要目的之一,并指出"精英网络"建立后一直呈现很稳定的状态(Palmer等,1996;Davis等,2003)。因此,还没有在相关领域建立声誉的高管将会通过良好的经营业绩以及治理效率向外部市场传递其专家的信号,努力建立行业专家的声誉同时获得"精英网络"的认可。另一方面，Fama（1980）以及Fama和Jensen（1983）在文章中提到已经建立行业声誉的董事，当其在处理某些公司业务时出现失误，其机会成本很大，市场会对其已经建立的专家声誉大打折扣，严重影响其未来获得其他公司兼任职位的机会。以上研究表明声誉假说理论一方面体现激励的机制，另一方面体现约束的机制。公司的高管通过良好的公司经营与公司治理效率获得在其他公司兼任职位建立行业专家的声誉，并逐渐积累相关的声誉，以期达到一定的社会地位，体现了声誉的激励机制。此外，当高管已经通过联结关系网络实现了专家声誉积累，巨大的机会成本使声誉将会以约束机制作用于高管的经营与治理工作中。

四、社会网络理论

随着科技的不断发展进步，人与人的"距离"也越来越近，世界各地的经济、文化及政治等方面的交流也更加频繁紧密，无论企业还是个人均处于一张"大网"之中。国内外学者关注到社会网络在经济发展过程中扮演着越来越重要的角色，因此从20世纪初开始，涌现了大量关于社会网络的研究成果。以Simmel（1921）、Radciliffe Brown（1940）、Granovetter（1973）以及Burt（1992）等为代表的各界学者不仅奠定了社会网络的相关研究基础并建立了较为完整的社会网络研究体系，包括社会网络的嵌入性、联结强度、社会资本、结构洞及网络中心度等一系列重要的理论。本书从社会网络的起始点出发，梳理相关研究内容，剖析高管社会关系网络对企业行为的影响机理，为后续研究提供理论依据。

首先，德国学者齐美尔在1921年提出了网络的概念，他认为社会是由多个相互之间有着多重关系的个体所构成的复杂网络，而网络中的个体经常处于相互作用之中。在此基础上，学者对社会网络的定义展开了深入的研究，认为社会网络是各种关系的交织、个体间的全部相关联结、两个以上的组织间的长期关系（既非市场交易关系，也非组织间上下级关系）、社会行动者之间的特殊纽带

(行动者包括个体、群体、组织或国家等)、一群节点（个人、群体、组织、国家等）通过特定的社会关系所形成的联结（Nadel，1957；Rogers 和 Kincaid，1981；Thorelli，1986；Mitchell 和 Boissevain，1973；Laumann 等，1978）。基于众多学者对社会网络含义充分研究的基础上，后来的学者展开了对各类社会关系网络的研究，例如企业创新网络、企业生产网络、公司董事网络等。

Granovetter（1985）提出了社会网络的嵌入性特征，他认为企业的各项经济行为是嵌入企业所处的社会网络关系中的，同时其行为受到来自该网络关系及结构的影响。通过进一步的分析，他提出嵌入性包括关系嵌入性和结构嵌入性两个方面。其中，关系嵌入性关注的焦点是社会网络关系的特征，例如联结关系强度等测度指标；而结构嵌入性则侧重于社会网络关系的结构特征，例如网络中的结构洞等。Granovetter（1973）在文中指出个体（组织）之间通过接触和交流形成的纽带关系即为联结，并且按照关系强度的大小，将联结关系进一步分类为强联结关系和弱联结关系，分类标准为：互动频率、亲密程度、关系持续时间和相互服务的内容。此外，他认为在个体的研究情境中，具有相似性别、年龄、职业身份、教育程度以及收入水平等一系列个人属性特征的，则越容易形成强联结关系；而上述个人属性特征差异较大的情况下，则倾向于形成弱联结关系。对于强联结关系和弱联结关系而言，由于前者是由一些具有相同特征的个体形成的，因此，其对一些事物的看法与认知也基本相似，从而使得处于强联结关系网络中的个体获得同质性信息的可能性较大，增加信息的冗余性；相对而言，弱联结关系是由一些个人属性特征差异较大的群体形成的，因此，在这样的联结网络中，其成员获取异质性资源的可能性大幅度提高。从企业的角度出发，处于强联结关系网络中的企业，由于其所处的关系网络可以降低信息不对称的程度，从而增加彼此间的信任，降低了交易成本，从而提高企业的经营效率；而处于弱联结关系网络中的企业，由于其所处的关系网络中富含异质性信息，企业可通过该网络获取相关资源，从而提高企业效率。

Granovetter（1992）和 Gulati（1998）指出社会网络的结构性嵌入主要是指网络的结构洞，个体或企业在网络中所处的位置是如何影响其行为及绩效。Burt（1992）在文中指出社会网络可分为有结构洞网络和无结构洞网络。无结构洞网络是网络中的个体之间不存在间断联结的网络；而当网络中的某个个体与某些个体之间存在直接联系，而与其他个体却没有直接联系，这样就出现了个体之间的关系间断现象，就好像在网络中出现了洞穴，即形成了有洞的结构网络。通过分析，由于无洞的结构网络中，每个个体获得的资源及信息是相似的，因此该网络中会有大量的冗余信息，而对于有洞的结构网络，处于结构洞边缘的个体能够获取到结构洞两端的不同的个体的信息，即在有结构洞的网络中有大量的异质性信息，而这些异质性信息将有利于支持网络成员做出各种正确的决策。

五、社会资本理论

Bourdieu（1977）在其著作中提出了社会资本的概念，他认为社会资本是个人或群体社会连带的综合，同时社会资本源于连带的建立、维持与资源交换。Cloeman（1990）提出了广泛使用的社会资本的概念，认为社会资本是社会结构中的一个组成要素，是有利于"特定行动"的社会连带，社会资本可以为结构中的个人带来便利。社会资本产生了行动，而行动可以带来资源。Burt（1992）认为社会网络中充满了结构洞，结构洞越多的网络，网络中镶嵌的社会资本越多。Brown（1997）提出将社会资本按照微观、中观与宏观进行分类，微观层面的社会资本指的是社会结构中的个体或组织通过社会网络调动镶嵌在其中的资源；中观层面的社会资本指的是连带网络中个人或组织之间的互相调动镶嵌在其中的资源；宏观层面的社会资本指的是外部的文化、制度以及社会因素对社会网络的影响。Lin（2001）认为社会资本是通过行动者的社会网络关系而获取的资本，利用其所在网络或者群体中的联系和资源来发挥作用。与其他的资本类型不同，社会资本镶嵌在人际关系互动的结构之中，它既不单纯依附于独立个体，也不依附于物质生产过程。

Blaura（1964）认为社会交换不同于经济交换之处在于它不是实时可以回报的，在延时回报的过程中，一方对对方回报的期待成为另一方长存于心的义务，当这份义务获得履行时，期待才能满足，交换双方因此能产生信任。Granovetter（1992）指出相较于强联结关系，弱联结关系往往涉及的范围更为广泛，且具有较强的穿透性，可以接触到更多元化的群体，因此处于关系中的行动者就可以获得较多元化的信息。社会网络中的弱联结关系的价值被广泛认可，其信息的流通、新知识的传播均可为行动者带来资源，是社会资本的重要部分。Burt（1992）认为行动者如果能处于社会网络的关键位置，比如处于信息通路的中介点，该行动者有更多的机会接收信息并控制信息流动的情况，从而获得更多的商业机会。Lin（2001）从个人中心的视角分析社会资本，他认为社会资本是镶嵌在社会网络中的重要资源，因此个人可以通过社会网络获取相关资源。此外，他在研究中指出行动者个人中心社会网络的结构形态决定了镶嵌在其中的资源的含量。

基于社会资本理论，公司的高管在做出与公司经营与治理相关的决策时，除了个人的专业知识以及职业背景的影响，还会受到其所处社会网络结构中的社会资本的影响，公司的高管通过其所处高管联结网络进行沟通与学习，获取该网络中的社会资本，例如对市场环境变化的识别、收益率较高的投资项目、信息披露策略的选择、高管薪酬计划方案的制订等信息资源。因此，处于高管联结网络中的管理者可以通过利用其所处网络中附带的社会资本，做出最优的经营与治理决策，从而提高公司经营业绩与公司治理效率，进一步增加公司的未来价值。

六、组织学习理论

近年来科技发展迅猛，同时企业所处的环境不断变化，此时，组织学习能够使企业更好地进行知识创新，且更好地适应环境不确定性，同时提高企业效率。

因此，国内外学者展开了对组织学习的广泛研究并形成了一系列关于组织学习的相关理论，例如以 Argyris 和 Schon（1978）为代表的广大管理学以及社会学学者，他们的研究构建了组织学习理论较为完整的理论体系，包括自我学习和替代式学习的相关理论。20 世纪 70 年代，伴随着经济全球化的趋势，企业间的竞争环境日益激烈，而企业的管理层处于企业的核心层面，深知组织学习对企业成功的重要性，从而掀起了企业内部以及企业之间的学习风潮，这样的现象引起了广大学者的关注，并以此展开了深入的研究。Argyris 和 Schon（1978）在文中确定了组织学习的内涵，并认为组织学习者、学习的过程、学习产物是组织学习的基本元素，同时剖析了三者的本质区别。Levitt 和 March（1988）认为组织学习是通过对历史行为及产生结果进行关联总结，从而对行为常规进行梳理和转变的学习过程。此外，他们指出了组织学习与个人学习的主要区别在于行为要素的内容。社会学习理论的核心理念认为人类通过反应的结果自我学习以及观测学习两种方式习得个人行为。组织学习理论认为组织行为的习得也应当关注观测学习。Takeuchi 和 Nonaka（1995）在文章中提出组织学习的内容以及知识的内容分为两类：显性知识和隐性知识，具体来说，显性知识是可表达的知识，而隐性知识是经验性知识。相对而言，李作学等（2003）指出隐性知识是组织或个体的高度个性化的，获取难度较高的，且难以形式化的那部分知识。基于知识的可获得性的难易程度，隐性知识相较于显性知识学习的难度更高，但正是这样的原因，隐性知识被称为企业竞争优势的核心资源。到 21 世纪，有学者认为组织学习理论的重要内容是知识的创新，Boerner 等（2001）指出组织学习就是知识创新过程，包括搜索学习、科学学习、知识外溢学习等类型。芮明杰和陈晓静（2006）总结归纳了组织的动态知识价值链模型，标明组织的知识创造过程是呈动态的。此外，组织知识的传播与转移也成为关注的焦点，他们认为组织知识的传播是知识创新的一个重要途径，同时能够有效提高知识创新的效率并降低相关成本，继而提高知识的使用效率。Argote 和 Epple（1990）认为企业可以通过自我学习，积累与经营活动相关的经验，从而降低企业经营成本，提高企业效率。当企业面临经营环境的不确定性时，组织的替代式学习使企业及时进行调整，并适应环境的变化，进而增加企业的竞争力。Haleblian 和 Finkelstein（1999）在文章中检验了企业以前的并购经验对并购绩效的影响，认为有并购经验的企业会适当地运用相关经验提高并购绩效，加强了对企业过去的经验对企业行为影响的理解与认识。另外一些学者认为替代性学习是理性复制其他组织或个人的成功经验，模仿适用于组织或个人的部分（Greve，2005）。组织一般采取两种方式的替代性学习：一是随意地模仿其他组织行为的学习，二是精心选择一些规模大、业绩好的企业或组织，作为学习的对象，从而对自身的行为或决策产生影响的过程（Terlaak 和 Gong，2008）。组织通过模仿其他组织的成功决策或行为进行替代性的学习，有利于降低由于不确定性带来的风险，同时也可以增加组织行为的合法性（Henisz 和 Delios，2001）。

综上所述，组织通过自我学习与替代性学习两种学习方式不断提高自身的竞争力，并取得长远的发展。Menon 和 Pfeffer（2003）通过研究发现，由于科技进步与经济发展的步伐不断加快，组织更愿意选择通过替代性学习的方式，高效获取其他组织有效的知识，提升组织的核心竞争力。

组织学习的效率受到多种因素的影响，其中组织的特性、有效信息的传递渠道以及组织的外部环境等因素均会产生重要的影响。首先，组织对学习对象所传递的知识的接受及吸收能力对学习效率至关重要，组织应当主动认识到新知识的重要作用，并通过快速地消化与吸收，将相关知识有效利用；组织必须意识到如果缺乏上述自我认识与吸收的过程，知识本身并不会主动将组织的竞争力提升（Cohen 和 Levinthal，1990；Lyles 和 Salk，1996）。其次，组织间关系的特性也可能促进（或抑制）企业之间的知识流动，并有助于解释其绩效差异。这些组织间特性主要包括：权利关系、信任和风险，社会关系和组织间关系结构（Easterby - Smith 等，2008）。同时，知识接受企业获取信息来源的可信度同样会影响组织对知识的吸收与应用（Easterby – Smith 等，2008）。信息来源可信度取决于企业合作伙伴的承诺和相互信任，通过降低机会主义行为的可能性，缓解文化差异，减少合作伙伴之间的冲突，可以促进知识转移（Uzzi，1997；Yli – Renko 等，2001；Girdauskiene 和 Savaneviciene，2007；Becerra 等，2008）。而通过社会嵌入关系联结的组织之间的知识转移能够有效提高传递知识的可信度，关系网络中的公司可以有利用网络成员的有效知识获取更大的优势，加速了组织间知识的转移速度与效率（Uzzi 和 Lancaster，2003）。另外，组织间关系结构也是组织知识转移的重要前提。Lyles 和 Salk（1996）认为，与其他所有权结构相比，共享所有权合资企业具有更高的知识获取水平，因为知识和企业之间的互动在该类企业中更为频繁。有学者还指出，在企业间协作的公平合作模式中，知识表达和编码机制促进知识获取，并创造新的高质量产品（Zahra 等，2000）。

七、企业创新理论

创新最早的经济学观点来自亚当·斯密和约翰雷，他们认为财富创造的核心是创新。而马克思认为，创新是企业间竞争的重要途径。在众多经济学家关于创新的理论解释和观点中，最系统、最完整的是熊彼特在《经济发展理论》一书中提出的创新理论。熊彼特认为，创新是创造性破坏的过程，不仅是财富的创造。熊彼特的创新理论认为，创新是建立一个新的生产函数，即把企业家、创新者、创新过程与企业利润最大化相结合（Ruttan，1961），并将从未有过的生产要素和生产条件的新组合引入生产体系（刘客，2014）。"新组合"划分为五个类型：第一，新产品，即未被消费者熟悉的产品或一种产品的新特性。第二，新生产方法，即未在生产实践中得以广泛应用的生产方式，也可指商业上处理一种产品的新方式。第三，新市场，即以前不曾进入过的市场。第四，新材料及来源，即掠取或控制原材料或半制成品的一种新的供应来源，无论来源是已经存在的，还是第一次创造出来的。第五，新组织形式（刘客，2014；代明等，2012）。

同时，熊彼特式创新中创新行为并不是随机偶然产生的，而是具有一定的规则的。偶然因素的减少使创新的必然性提升，创新周期和风险都有所下降。熊彼特式创新带来的技术变革和产业变革是非线性的、具有破坏性的。这种突发的创新对经济带来冲击，对"旧组合"产生破坏，"新组合"的产生重组新的经济均衡，推动经济发展。这将为创新者带来可观的创新和垄断收益以及更大的市场势力，这也是创新者的核心创新动力（Frank，1998）。

熊彼特认为企业创新的动力源于追求利润最大化的企业家精神。熊彼特（1936）将企业家定义为发现和实现经济范围内新的可能性的个体，如果一个人在企业中实现了新组合，这个人可被认为是企业家（Becker 和 Knudsen，2004）。创新活动是由企业家所执行的（Mcdaniel，2005）。企业家实现创新的过程需要展现出对创新的实现力，即克服阻力，坚持运用新方法实现新组合，这与发现者或发明者的创新过程不同，发明者不一定可以成为企业家（代明等，2012）。企业家的核心职能既不是经营企业，也不是管理企业，而是创新，即新组合的应用与实现。创新源于社会中存在着某种未被发掘和利用的潜在利润，企业家创新是为了获取这些潜在的利润（Dew 和 Sarasvathy，2007）。当企业家通过创新实现了利润最大化，创新活动会暂时停止，直到新的潜在利润吸引他们再次进行创新。另外，除了理性人追求利润最大化的需求之外，企业家的创新动力也来源于个人意志。多数企业家、创业者、创新者都具有勇于冒险、勇于创造、渴求得到成功来实现自我价值的性格特点。而这也是创新的动力之一。

Swann 认为创新是"对新想法的成功利用"。与熊彼特的创新理论相似，Swann 认为，仅有新的想法、创意、发明是不能构成创新的，只有将这些新的想法通过商业设计与开发才能将之应用并投入生产和销售。Swann 强调了产品创新与工序创新之间的区分，单纯的工序创新只改变了产品生产的过程，但是并没有改变产品本身的属性。而单纯的产品创新在没有改变生产过程的基础上，创造出新的或改进的产品，需要改变要素的投入。而现实中，很多创新都是混合了产品创新与工序创新的，工序的创新为新产品的产生提供条件。"产品扩散"是一种特殊形式的产品创新，即一个空间充满具有细微差别的同类产品，这是一种填充战略。企业通过这种策略获取分割市场的利润同时起到反竞争的作用。创新能力是企业产出、获得绩效的重要影响因素之一。在市场竞争中，企业不仅要保证产出，还有发展扩张的需求，创新能力是企业取得竞争优势的决定性要素。当市场需求或潜在需求发生变化时，具有更强创新能力的企业能够更加快速准确地对市场变化做出反应，在产品、生产模式、组织上进行优化创新，更好地应对市场，获取更大的市场份额。企业的创新能力并不是由单一要素所决定的，内部的资源、管理水平、协调能力等都能影响企业的创新能力。而创新能力可以看作企业家将新的想法市场化的能力，快速应对市场变化的能力。这属于广义上的创新能力，涵盖了所有新想法到新产品进入市场的全过程，包含了所有的资源和要素。而狭义的概念更集中于企业的技术创新能力，主要体现在工艺和产品的创新中。

对创新本身研究的不断深入，更多的学者发现创新与其他经济现象的关联，这也更加丰富了创新的经济学内涵，Jaffe（1989）和 Feldman（1994，1996，1999）将焦点集中在区域创新上，他们认为企业与研发部门等的创新行为存在知识外溢的特点，这种特点会使创新所在区域的其他企业获益。也就是说，他们认为创新存在经济聚集的效果。在这一结论被提出后，学者对创新与经济聚集两者间的关系展开了实证方面的研究，这些研究主要分出了两种观点，一种观点是两种外部性均存在并且对创新起到促进的作用，这一观点以 Pad 和 Usai（1999）与 Shefer 和 Frenkel（2005）在实证方面所做的研究为代表，前者发现不仅两种外部性对区域创新起到促进作用，而且在进一步研究中发现大中型城市中的高新技术产业所获得的促进作用更为显著，后者将以色列的各个行业作为样本，通过测算发现，两种外部性仅对高新技术产业有促进作用，对其他行业的促进作用并不明显。另一种观点是雅各布外部性对创新有促进作用，Feldman 和 Audretsch（1999）通过研究美国新产品的数目后发现，相对于专业化来说，多样性更有助于新产品的发展，国内学者彭向和蒋传海（2011）通过中国省级数据的整理与研究，提出了两种外部性对区域创新均存在促进作用的结论，并且比较了两种外部性后发现，马歇尔外部经济作用低于雅各布外部经济的作用。董晓芳和袁燕（2014）在研究创新与聚集经济的过程中，加入了生命周期的因素，利用中国制造业的数据后发现，创新在不同的年龄层获得收益的聚集经济也不同，不同行业企业对朝阳企业创新的影响更为明显，同行业企业对成熟企业的影响更为明显。综上所述，创新的经济学含义随着研究的不断深入而更加丰富，不再局限于最基础的经济学含义，而本书对创新与企业家人力资本和企业家社会资本的研究，也为创新的经济学含义做出了一定程度的补充。

第二节 地区环境差异相关文献综述

一、法律环境对公司行为的影响

外部制度环境影响公司的治理环境，进而对企业行为产生影响已经得到许多学者的验证。地区法律环境作为重要的制度环境之一，影响了企业行为及公司治理效率。例如，对企业的自由现金流量权、违规行为、内部控制信息披露等。Dittmar等（2003）发现，上市公司保留自由现金流的程度与当地法律环境发展情况相关。投资者保护较好的地区，公司的自由现金流保留较少。全怡和姚振晔（2015）指出独立董事过去的任职经验抑制了企业违规行为，尤其在法律环境较完善的地区，上述抑制作用得到进一步强化。肖作平等（2020）认为，法律环境较好地区的企业发生财务重述的可能性较低，良好的法律制度环境能够抑制终极控股股东诱发财务重述的可能性。张俊瑞等（2016）通过研究发现，在法律环境对分析师跟进与上市公司诉讼风险的降低中起到了一定的影响作用。具体而言，法律环境完善地区的分析师跟进效应更高。车响午和彭正银（2017）认为，在法律环境好的地区，上市公司披露的内部控制信息质量更高。李虹和田马飞（2015）认为法律环境较好的地区，媒介公用、内部控制与每股盈余价值相关性、每股净资产价值相关性强于法律环境较差的地区。法律环境对企业社会责任方面也存在影响，杜颖洁和杜兴强（2014）认为较完善的法律环境促进了企业社会责任的履行。戴德明等（2015）对高管晋升进行了研究，发现在法律环境较差地区的企业，管理层晋升与公司业绩的关联性受到控制权私有收益的影响更强。部分学者发现法律环境对审计师治理作用的发挥也起到了影响，Choi 和 Wong（2007）通过研究发现注册会计师会受到法律环境的影响，进而对公司治理效应产生影响，法律环境较差地区的审计师降低代理成本的作业发挥较差。此外，法律环境可能通过对审计师需求的降低，进而影响公司治理效应，Hossain 等（2010）认为，处于法律环境较差地区的企业，并不会选择审计质量高的审计师，因此无法提升企业的公司治理效应。Anagnostopoulou（2017）认为，法律执行力的强度加强，能够显著提高会计信息质量，降低融资成本；良好的法律制度会促进股票和信贷市场的发展，使公司获得外部资金，从而增加企业价值。La Porta 等国内外学者在关于法律环境影响企业创新行为的研究成果非常丰富。例如，马艳艳等（2018）认为，企业所处的外部环境对企业创新有重要影响。何凌云和陶东杰（2020）发现地区法制水平等制度环境因素在税收征管与企业创新投入之间发挥正向的调节作用。吴超鹏和唐茚（2016）通过研究发现地区专利知识产权保护制度增加了专利持有人的产权保障，进而显著促进了企业创新水平。但部分学者认为知识产权保护制度对民营企业与国有企业的影响存在差异，例如 Fang 等（2017）认为在知识产权保护水平高的地区，当国有企业产权变更为民营企业后，由于知识产权保护水平激发了企业创新活动，企业创新水平显著提升。此外，也有部分学者通过讨论地区投资者法律保护缓解对企业创新的影响，鲁桐和党印（2015）认为良好的投资者保护环境将为投资者和企业提供稳定的创新预期，有利于降低投资者和企业的风险，使投资者愿意提供创新资金，企业愿意增加创新投入，并将创新产出申请为专利。近年来，为了实现经济与社会的可持续发展，国家及企业越来越重视环境保护，企业创新可能会受到环境保护法规的影响，例如，钟腾和汪昌云（2017）认为知识产权保护更完善的地区，企业有更多的激励去进行创新并且有更多机会获得创新融资。Gao 等（2018）认为环境保护法规具有创新触发效应，企业会为了避免法规处罚，通过企业创新降低产能浪费、减少环境污染。柯东昌和李连华（2020）提出企业所处地区的法律环境对企业创新具有显著的抑制作用，主要是法律环境影响管理层做出研发投入决策，从而影响企业创新水平。

二、资本市场发展对公司行为的影响

各地区资本市场发展情况作为重要的制度环境对企业行为及公司治理效率产生重要影响，如资本成本、风险承担、盈余管理信息披露等。Durney 和 Kim（2005）通过研究发现在金融发展欠佳的地区，企业的股权资本成本高低受到公司治理的显著影响，但在金融发展程度较高的地区，上述结论并不成立。地区金融发展与上市公司风险承担等方面有显著的影响（张惠琳和倪骁然，2017）。张敏等（2015）认为，地区资本市场能够提升公司治理效率，有助于抑制商业银行的盈余管理行为，提高盈余质量。肖作平和刘辰嫣（2018）指出，金融发展好的地区，公司的信息披露水平和传播速度均有所提高，债券投资者能够在金融发达市场中获取更多公司信息，降低债券投资者因信息不对称产生的投资者风险预期，增强债券投资者投资信心，从而降低对限制性条款的要求。王晓亮等（2019）通过研究发现金融市场环境可以缓解企业的融资约束。资本市场发展不仅对企业的资本成本、风险承担等方面产生重要影响，对企业创新方面也存在着重要的作用。企业创新的资金来源于企业内源融资与外部融资两种渠道，而企业内源融资取决于企业的盈利情况，具有不确定性，因此企业内源融资难以满足企业创新持续性的资金需求。相比于内源融资而言，企业外部融资来源于投资者及债权人，但由于企业外部与内部之间存在信息不对称的问题，导致企业的融资成本高，在一定程度上抑制了企业创新。有研究指出金融市场的发展能够显著降低企业的融资成本。例如，Defond和Huang（2004）通过研究发现金融市场的发展直接影响企业的融资能力，但不同地区的金融市场对企业的影响程度存在差异。Hall和Lerner（2010）在文中提出金融市场能够有效分配稀缺资源、评估创新项目和监督经理人，有助于企业规避道德风险和逆向选择的问题，进而帮助企业降低融资成本，促进企业创新水平的提升。张志强（2012）通过研究发现金融发展规模与效率能够显著提升企业创新。Hsu等（2014）认为金融市场与企业创新密不可分，发达的金融市场能够缓解企业面临的融资约束，降低企业的融资成本，进而促进企业创新。解维敏和方红星（2011）认为银行业市场化改革的推进、地区金融发展积极地推动我国上市公司的R&D投入。Benfratello等（2008）检验了当地银行发展对企业创新活动的影响，发现银行发展对高科技企业、规模较小企业以及依赖外部融资企业的工艺创新具有显著的促进作用。Nanda和Nicholas（2014）提出研究了银行危机对企业创新投入的影响，发现银行危机较低的地区，研发密集型企业较多。在股权融资方面，Brown等（2013）通过研究发现较强的投资者保护程度及便利的股票市场融资会显著增加企业创新的投入水平。李汇东等（2013）认为股权融资能够显著提升企业创新投入水平，债权融资的促进效应则不明显。钟腾和汪昌云（2017）从股票市场规模、银行业规模和银行业市场化三个维度衡量金融发展，发现股票市场缓解了企业的外部融资约束，从而促进了企业创新，相比于股票市场而言，银行业对企业创新的促进作用较低。刘培森（2018）发现金融发展增加了企业研发投入，促进了技术进步进而推动了经济增长。赵慧等（2020）指出，信贷市场发展、资本市场发展降低了企业的融资成本，有助于调整企业资本结构，进而促进企业创新的提升。

三、地区文化特征对公司行为的影响

地区文化特征对公司行为的影响逐渐进入国内外学者的视线，地区文化是经

历了历史的积淀，深刻地影响着地区的人群及企业，表现为不同的决策行为（Guiso 等，2006）。地区文化特征会对企业的各方面产生影响，例如，盈余质量、违规行为、企业创新、企业捐赠、企业绩效等。Schuler 等（2001）认为，地区文化可能会通过影响企业的管理层，进而影响企业行为。Kanagaretnam 等（2011）从文化的四个维度出发，研究了民族文化对金融危机前后的商业银行盈余质量的影响，发现在崇尚个人主义、高权力距离和不确定性规避程度较低的民族文化背景下，商业银行更倾向于通过贷款损失准备进行平滑利润。修宗峰（2016）关注了地区幸福感对公司捐赠行为的影响；而戴亦一等（2016）则以董事长和总经理出生地的方言为研究视角，分析方言一致性对公司带来成本的影响；陆瑶和胡江燕（2016）则从 CEO 与董事间的老乡关系为研究切入点，检验了"老乡"关系对公司违规行为的影响；毕茜等（2015）则检验了非正式制度，包括文化、意识形态、环境制度、传统文化对信息披露的影响；Riahi – Belkaoui（2004）和 Dyreng 等（2010）则从宗教信仰的角度研究了其对会计信息透明度与财务造假的影响。陆瑶和李茶（2016）研究了 CEO 对董事会影响力对公司违规行为的影响，发现企业所处地区中人与人之间信任程度及风险偏好对上述关系存在影响，具体而言，信任程度越高，上述关系越弱，风险偏好越高，上述关系越强。余威等（2019）认为，企业所处地区的红色文化可以缩小企业内部薪酬差距。李善民等（2019）研究了文化差异对企业并购决策的影响，发现企业 CEO 家乡为北方地区时，并购次数及金额更大。潘越等（2019）研究了家族文化对公司治理的影响，发现企业管理层宗族观念越强，参与公司治理的程度越高。沈弋等（2020）发现地区社会责任文化影响企业捐赠以及税收责任承担。文化差异对外资企业绩效的影响较大，文化差异越大，外资企业绩效越好，究其原因在于文化差异促进了外资企业的企业创新，提升了产品差异化水平，进而增加了企业绩效（王进猛等，2020）。地区文化对审计师的公司治理效应也会产生影响，侯世英和宋良荣（2020）对儒家文化进行了研究，发现儒家文化从选择事务所规模、属地、更换等方面影响了企业对事务所的选择。李伟等（2020）认为，儒家文化的道德约束机制可以抑制企业的过度投资行为。古志辉等（2020）检验了儒家文化与法律对企业行为的影响力，发现投资者受到了儒家伦理的保护，抑制了控股权私人收益行为。陈仕华等（2020）发现儒家文化对管理层与员工之间的薪酬差距有影响，受儒家文化影响越强的企业，薪酬差距越小。徐细雄等（2020）认为，儒家文化主要通过抑制管理者自利动机、改善公司信息质量及降低管理者过度自信三条路径影响估价崩盘风险。潘越等（2020）通过研究发现儒家文化浓厚地区的企业，管理层节俭意识越强，有助于抑制高管的在职消费。同样，地区文化特征对企业创新也存在一定的影响，例如，许为宾和周建（2017）发现地区重商文化显著促进了企业创新的水平。刘锦等（2017）研究了关系文化对企业创新的影响，发现地区关系文化与企业创新之间呈显著倒"U"形，即地区关系文化在一定限度上能够促进企业创新，但当其达到一定限度时，关系文化则会抑制企业创新。徐细雄和李万利（2019）通过研究发现儒家文化能够显著促进企业创新水平的提升，并在文中指出儒家文化通过以下三种机制：代理冲突、提高人力资本投资水平和降低专利侵权风险，提高企业创新水平。陈欣和陈德球（2020）发现企业所处地区的投机文化以及管理者投机偏好往往伴随着高企业创新投入，进而对企业创新产生影响。

第三节 高管社会关系网络相关文献综述

由于国内外公司制度存在一些差异，国外学者的研究主要是连锁董事方面，而国内学者的研究大部分也是针对连锁董事以及董事网络展开的，涵盖公司高管的研究相对较少。以往关于连锁董事、董事网络以及高管联结的研究主要分为以下几个方面：连锁董事以及董事网络的概念、含义等；连锁董事对公司治理方面的影响;连锁董事以及董事网络对公司经营的影响,主要是对公司业绩的影响;连锁董事以及董事网络对公司决策的影响。

Granovetter(1985)讨论了社会关系是如何影响人的行为和制度,并提出了社会网络理论——"镶嵌理论"(Embeddedness)。镶嵌理论认为以往的研究都陷入了"低度社会化"或"过度社会化"的怪圈。人是经济活动的主体,其在做出经济决策时不是孤立的,相反人是处于社会网络关系中的,因此在做出决策时除了受到个人的属性特征的影响外,还会受到其所处社会网络中的其他成员以及镶嵌于网络中的信息资源的影响。Granovetter认为社会关系、关系强度、社会网络结构、个人所处网络结构的位置等因素会影响到信任、情感支持、资源获取、信息传递以及人际关系等中介变量,而上述中介变量又会对个人的经济决策产生影响。

以往的研究在对公司高管做出与公司经营和治理相关的决策行为进行分析时,往往关注的是高管的个人属性特征对决策的影响,例如,对董事会的治理行为以及治理效率的研究,选择的变量是董事会成员的学历、职业背景、专业知识以及年龄等,人为地将个人属性特征的治理效果一致化,忽略了社会网络关系对决策的影响。高管处于社会网络关系中,例如校友、同事、老乡以及其他网络关系。依据镶嵌理论,公司的高管处于通过兼任职位建立的社会网络关系中,高管联结网络中镶嵌着许多与公司经营与治理相关的信息与资源。此外,高管联结网络还为处于网络关系中的成员提供了信息交流与彼此沟通的渠道。因此,高管在做出经营与治理的相关决策时必然会受到高管联结网络中其他成员的影响,同时还会受到网络中所镶嵌着的各种信息与资源的影响。

一、高管社会关系网络的形成

Fama和Jensen(1983)提出外部董事的兼职市场是董事积累监管专家声誉的重要来源和激励动机。许多研究将外部董事持有的董事职位数量作为董事在外部劳动市场的声誉的代理变量（Shivdasani，1993；Vafeas，1999）。Palmer 等（1996）提出连锁董事的两种目的：一种是为了获取其他公司在行业中所拥有的资源；另一种是为了建立董事个人的社会精英组织。Burt（1980）和 Davis 等（2003）认为存在"精英网络"，并指出许多研究认为董事网络是传播公司决策、经营，以及结构的有效机制。Bertoni 和 Randone（2006）通过对意大利上市公司的所有权内部联结网络关系以及董事连锁现象的研究，发现两种网络关系都显示出"小世界"的特征。Fich 和 White（2005）发现在 1991 年大约 1/7 公司的 CEO 之间都存在互惠连锁的现象，并且如果公司董事会中外部董事比例较高时，上述现象较为常见。

卢昌崇和陈仕华（2006）对连锁董事近年来国内外的研究进行了梳理，将连锁董事的理论归纳为四种，即资源依赖理论、互惠理论、金融控制理论与管理控制理论，并使用中国的数据对四种理论进行检验，发现资源依赖理论对中国上市公司中的连锁董事现象的解释力较强。马磊（2014）通过对连锁董事的形成的梳理，将以往关于连锁董事形成的理论归为"市场论"流派，代表性的理论包括资源依赖理论、监督控制理论、金融控制理论、合谋理论和地理空间机制。

二、高管社会关系网络的经济后果

（1）对公司经营业绩的影响。

Ferris 等（2003）指出并没有发现"繁忙"的董事对董事会的构成以及公司业绩表现有负面的影响。Guedj 和 Barnea（2007）对董事网络关系与公司治理之间的关系进行了研究，发现一个公司具有更多的连锁董事时，CEO 的报酬更高并且 CEO 报酬以及 CEO 轮换与公司的业绩敏感性更低，强制性的 CEO 轮换也较少发生；此外，处于网络中心位置的董事更可能在未来获得更多的董事职位，董事的网络关系会影响到公司治理效率。Non 和 Franses（2007）检验了荷兰 101 家大型公司中的连锁董事对公司业绩的影响，并使用了 5 种不同的业绩指标，发现公司现有的连锁董事将会对公司的未来业绩产生不利影响，主要是因为连锁董事太忙以至于降低监督效率，从而导致公司治理效率降低，公司业绩降低。Larcker 等（2013）在研究中指出处于董事网络中心位置的公司，伴随着更大的股票回报与更高的未来资产回报增长率。此外，证明了董事联结网络的数量越多，资源与信息将会通过该网络传递到公司中，从而提高公司业绩与公司价值。Cai 和 Sevilir（2012）提出高管联结关系可以提高公司的投资效率与公司价值。Keiste（1998）通过对1988～1990年的40家集团公司中的535个成员公司进行研究，发现高管联结关系可以有效地提高公司的财务业绩水平与生产效率。Bazerman 和 Schoorman（1983）通过对高管联结不同模型的研究，发现协同效应、交易成本的降低以及获得更多的资源是影响并提高公司价值的主要因素。Mizruchi 和 Stearns（1988）通过对1956～1983年美国最大的22家工业企业的研究，发现偿债能力与盈利能力下降的公司伴随着与银行建立董事联结关系，从而以较低的利率获得企业所需的资金。Horton 等（2013）以英国4278家上市公司为研究样本，建立了由31495名董事所形成的联结网络关系，通过研究发现董事联结关系伴随着更高的高管报酬以及更高的未来公司业绩，并没有发现管理层以及外部董事利用该联结关系寻租的证据。

Fich 和 Shivdasani（2006）指出当外部董事在三个以上的董事会任职时，往往伴随着更差的公司治理情况；通常这些公司的增长性、公司业绩更低以及更低的 CEO 轮换与业绩敏感性。Core 等（1999）通过研究发现，繁忙的董事会伴随着低效率的公司治理情况，此时 CEO 的报酬水平更高，而公司业绩水平则更低。Kuhnen（2009）在文章中建立了一个基金董事和管理基金的咨询公司之间的商业联结数据，发现基金董事会给予与他具有更多商业联结关系的咨询公司更优的投资组合管理合约，这一低效的偏袒行为恶化了代理问题，损害了基金投资者的利益，因此社会网络会降低基金治理效果以及基金业绩。Fracassi 和 Tate（2012）通过对 S&P500 公司的研究，发现高管联结（CEO 与董事的联结）降低公司的价值，联结关系越多的公司，其并购绩效越低；作者在文章中指出高管联结关系降低了董事会的监督效率。Andres 和 Lehmann（2013）对德国 2003~2006 年 133 家公司进行研究，发现董事联结关系紧密的公司（兼职越多的董事），由于董事会中的董事过于繁忙，导致监督效率低下，因此此类公司伴随着更低的公司业绩同时支付 CEO 更高的薪酬。Cashman 等（2012）提出以往的文献并不认可"繁忙董事"与公司业绩之间的关系，有部分研究认为"繁忙"正表明董事的能力很强并且为公司带来了价值，也有部分研究认为"繁忙董事"的精力有限，监督效率低，不利于提高公司业绩；通过研究发现董事的繁忙程度与公司业绩呈显著负相关关系。Lu（2013）在文章中对董事连锁关系与公司业绩之间在中国的情况进行检验，发现连锁董事现象在中国比较普遍，并且与没有董事网络关系的公司相比，具有连锁董事的公司的业绩较好，并指出连锁董事的数量应当存在一个临界值，超过临界值后上述对公司业绩有利的影响将会消失。

卢昌崇和陈仕华（2006）通过对连锁董事与公司业绩的研究，发现二者之间存在较弱的正相关关系。任兵等（2007）从市场失灵的视角对连锁董事与公司价值之间进行了研究，并在此基础上提出了治理失灵的概念，并认为在中国经济的转型时期，由于市场失灵与治理失灵情况的存在，使连锁董事更可能做出一些短视行为从而降低公司治理效率并且降低公司绩效与公司价值。田高良等（2011）通过对公司间董事连锁关系与财务绩效、公司价值的研究，发现在经济转型过程中董事连锁关系有助于公司获得更多资源从而提高财务绩效，此外董事连锁关系发挥公司的一项无形资产和实务期权的作用，从而有助于提高公司价值。陈运森和谢德仁（2011）通过对公司中独立董事建立的连锁网络关系与公司治理效率的研究，发现独立董事所处的网络位置越中心，其治理效率越高，表现为较高的投资效率。陈运森（2012）在文章中对独立董事在其所建立的董事网络中的位置与代理成本之间的关系进行分析，指出越处于董事网络位置的中心，公司的一类和二类代理问题越少，进而公司的经营效率越高。陈运森（2015）通过对公司董事网络的结构洞多少与公司业绩以及投资效率的研究,指出公司所处网络的结构洞越多,投资效率越高并且公司的未来业绩越好。

(2) 高管联结与公司并购。

Schonlau 和 Singh (2009) 在文章中对连锁董事与公司并购进行了研究,发现董事所处的网络中心度与公司并购目标的选择、公司并购业绩、支付方式有关,处于董事网络中心的公司往往伴随着更高的公司并购后的业绩表现,更可能支付现金等。Schmidt (2009) 在文章中检验了 CEO 以及董事会成员的社会网络关系对公司并购绩效的影响,发现当公司对咨询的需求较强时,社会网络关系伴随着更高的公司并购绩效;当公司对监督的需求较强时,社会网络关系伴随着较低的并购绩效;还提出 CEO 以及董事会成员的社会关系根据不同的公司需求具有两面性——成本和收益。Chikh 和 Filbien (2011) 在文章中对2000~2005 年的法国上市公司并购交易受到 CEO 的精英校友关系网络以及董事网络的影响程度进行了分析,发现一般情况下 CEO 在面临市场负面的反应时会停止并购交易,但处于精英校友关系网络与董事网络中心位置的 CEO 在面临市场负面反应时更加倾向于完成并购交易。Cai 和 Sevilir (2012) 对董事网络与公司并购行为之间的关系进行了研究,发现当公司间共享同一名董事时,并购方的并购绩效更高;此外作者指出当并购方与目标公司各有一名董事在同一个董事会任职时,并购方的并购绩效也较高,以上结果表明连锁董事网络对公司的投资决策有重要的影响。

陈仕华等 (2013) 提出以信息不对称的研究视角对公司高管联结关系与并购绩效进行了研究,发现并购方与目标方公司之间的董事连锁关系与长期的并购绩效存在显著的正相关关系,并且指出当该联结关系是由内部董事连锁形成时,上述正向关系显著性更强。万良勇和胡璟 (2014) 在文章中对董事连锁的网络位置与公司并购绩效之间的关系进行了研究,发现公司处于董事连锁网络中的位置越中心,其并购绩效更高。万良勇和郑小玲 (2014) 通过对连锁董事所建立的董事网络的结构洞与公司并购之间的研究，发现公司所拥有的结构洞越多，其并购效率越高，此外陈仕华等还指出在并购中介欠发达地区，上述关系影响作用越显著。

（3）高管联结与董事会结构。

Zajac 和 Westphal（1996）通过对美国上市公司内部管理层权力对公司间网络关系的影响进行研究，发现公司高管的权力确实会对董事网络产生影响，进而影响到公司间的网络关系；具体而言高管权力较集中的公司更可能聘用董事会活动较少的公司的董事作为本公司的董事会成员，从而保证自身对公司的控制权，进而影响到公司董事网络的结构，更多地与效率较低的公司董事会中的成员建立网络联结关系。Kramarz 和 Thesmar（2013）通过对 1992~2003 年巴黎股票交易市场的上市公司中的高管联结进行研究，发现公司高管的社会网络会影响公司的董事会组成结构，同时高管的社会网络降低了公司治理效率。Bebchuk 和 Cohen（2005）检验了公开发行股票的公司是如何被管理层为了防止被解职而设置的一系列措施的影响，并通过研究指出繁忙的董事会会降低相关公司治理机制的监督效率，从而降低公司价值。

（4）高管联结与盈余管理。

Chiu 等（2012）在文章中检验了盈余管理在共享董事的公司间的传播现象，发现当公司与另一家正在进行盈余管理的公司共享同一个普通董事时，该公司很可能进行盈余管理行为，这种传染效应在共享董事具有领导职务或具有财务会计相关专业背景时更强；相应的当公司与另一家不存在盈余管理的公司共享董事时，该公司存在盈余管理行为的可能性很小。此外，Chiu 等通过研究指出在会计处理传播现象中，违规行为的传播的比例要高于错误行为，最后作者提出董事监督在公司财务报告质量控制以及传播过程中起着重要的作用。Kedia 等（2015）通过对 1997~2008 年的 2376 例财务重述公告进行盈余管理扩散的研究，在控制了行业以及公司特征后发现，在行业领军公司发布财务重述公告后，行业内的其他公司倾向于开始进行盈余管理。Cohen 等（2008）发现在 2002 年通过 SOX 法案后三年的时间内许多公司从以应计项目进行盈余管理转变为以真实的经济活动进行盈余管理。但仍存在一个问题——这些公司如何在这么短的时间内从一个会计实践转变为另一个会计实践。Cohen 通过研究发现审计委员会成员的连锁网络关系是其中一个重要的因素。此外，Cohen 建立了 REM – AEM 替换指数并发现 AEM 向 REM 转变的行为通过审计委员会成员的连锁关系在公司间进行传播。最后指出审计委员会的连锁关系是会计信息在公司间传播的重要渠道之一。

傅代国和夏常源（2014）在文章中检验了独立董事在联结关系网络中的位置与盈余质量的关系，发现独立董事在社会网络中的位置越处于中心位置，其体现的治理效应越明显，具体表现为有效地降低公司的盈余管理水平并且提高了盈余反应系数。钱戮琳（2013）在文章中指出连锁董事的存在可以抑制管理层的盈余管理行为，从而提高公司的盈余质量。李青原等（2015）在文章中对独立董事的网络联结与盈余管理进行了研究，发现独立董事连锁会造成连锁公司间盈余质量的传染效应。此外，作者指出审计委员会成员以及具有行业专长的独立董事的连锁使得盈余质量的传染效应更显著。

（5）高管联结与管理层报酬与轮换。

Hallock（1997）通过研究发现 8% 的 CEO 存在互惠联结的关系，并指出存在互惠联结的公司中，CEO 的报酬普遍偏高。Lacker 等（2005）检验了内部董事与外部董事之间的关联是否会影响 CEO 的报酬，发现连锁董事所处的位置，也就是与薪酬委员会成员的关系远近决定着 CEO 报酬的高低，距离越近的，CEO 报酬越高。Faleye（2007）在对连锁董事与公司业绩的作用机理进行了检验，发现董事网络降低了董事会中外部董事对 CEO 轮换与 CEO 报酬的监督作用，从而使公司的 CEO 轮换以及报酬对公司业绩的敏感性偏低。Guedj 和 Barnea（2007）检验了美国上市公司中通过连锁董事建立的网络联结关系，他们发现处于网络位置中心位置的董事更倾向于为 CEO 提供更高的报酬，指出类似的社会网络关系对公司治理效率以及董事会的治理作用的发挥有消极影响。Nguyen（2007）检验了董事会成员的社会关系对其治理效率的影响，发现当CEO与董事都属于同一个社会网络时，CEO更不可能由于差的业绩表现离职，作者通过进一步的研究发现，在强制离职后，具有社会网络关系的CEO更容易找到报酬更高的工作。Hwang和Kim（2009）在文章中指出判断一个董事的独立性时，除了考虑其与公司或CEO之间是否存在经济或家庭关系外，还应当将其社会关系考虑在内，Hwang和Kim使用独有的数据通过研究发现87%的董事是独立的，但其中只有62%的董事是从社会关系上也是独立的；并指出社会关系独立的董事更倾向于为CEO支付低水平的报酬，业绩报酬敏感性以及轮换业绩敏感性都更高，研究结果表明董事的社会网络关系对公司的治理效率有重要影响。Andres和Lehmann（2013）对德国2003~2006年133家公司进行研究，发现董事联结关系紧密的公司（兼职越多的董事），由于董事会中的董事过于繁忙，导致监督效率低下，因此，此类公司支付CEO更高的薪酬。此外，提出额外的董事会席位比单纯的董事任命重要，并指出在不考虑董事席位责任履行质量的好坏的前提下，建议缩小董事席位是不可取的。Wong等（2015）使用2003年共291家美国大型上市公司的数据为研究样本，对公司间通过连锁董事建立的联结网络关系对高管薪酬激励的影响进行研究，发现存在联结关系的公司间，高管薪酬激励计划存在很强的相似性，尤其是股权激励相关的内容。Crespí – Cladera和Pascual – Fuster（2015）利用西班牙上市公司的数据检验了所有权结构是如何影响董事网络与管理层报酬之间的关系，发现西班牙上市公司的所有权比较集中，董事网络伴随着较高的CEO报酬。此外，还指出对于那些所有权相对比较分散的公司，董事网络将会损害公司未来的业绩，而对于那些所有权集中的公司而言，发达的董事网络有利于提高公司的业绩水平。

彭正银和廖天野（2008）从连锁董事对公司治理产生影响的渠道进行分析，发现连锁董事所处的网络位置、连锁网络的规模以及连锁董事的数量与公司治理效率呈显著正相关关系,此外作者表明并没有发现连锁董事持股对公司治理效率有显著的影响。陈运森和谢德仁(2012)在文章中检验了独立董事连锁网络对薪酬激励的影响,发现公司的独立董事所处的网络位置越中心,高管薪酬对业绩的敏感程度越高,但在国有企业中,上述关系则变弱。李留闯和田高良(2014)在文章中以公司间存在联结关系的网络密度为研究视角对董事网络与管理层薪酬之间的关系进行研究,发现公司间通过董事连锁建立的网络关系与高管薪酬呈正相关关系,但与薪酬业绩敏感度越低。

(6)高管联结与财务报告。

Beasley(1996)通过对财务造假与外部董事的研究,发现外部董事持有的其他公司的董事会中职位的数量越多,公司财务造假的可能性越大。Fich和Shivdasani(2007)检验了财务欺诈对外部董事声誉的影响,通过研究发现外部董事在经历财务欺诈诉讼的公司的职位并没有显著影响,但是其持有的在其他公司的董事会中的职位数量显著减少;此外,Shivdasani发现与涉及财务欺诈诉讼公司存在连锁关系的公司,其公司价值显著降低;而且在公司治理较严格的公司中,涉及财务欺诈公司的外部董事很可能会被辞退,而他们的离任伴随着正面的市场反应。Gleason等(2008)预测并发现财务重述将会降低股东财富并导致行业内其他公司的股票价格下降,股票价格下降并不是因为公司没有达到分析师的预测水平,更多的是因为投资者对财务报告质量的疑虑,并且研究了财务重述在行业中传播的现象,发现同一个行业中财务重述的传播现象较为显著。Subrahmanyam(2008)检验了公司治理、公司价值与治理董事会的社会网络之间的关系,发现现代的通信工具降低了面对面的交流的频率,放大了社会网络关系对公司治理效率的不利作用,并指出低效率的监督导致了公司信息披露质量低,CEO的报酬高。Hirshleifer和Teoh(2009)对社会网络中的信息传递等现象是如何对财务决策的传播以及市场价格产生影响的,通过研究发现与公司财务报告相关的决策选择会通过社会网络关系进行传播。Shropshire(2010)检验了连锁董事中董事的个人差异是如何对信息传递产生影响的,并对容易接受通过连锁网络传递信息的公司的特征进行了分析,此外,对传递并接受关于公司经营信息的连锁董事的特征进行分析,并对影响信息传递的因素进行了研究,发现与董事建立连锁关系的CEO权力更大时,相关的会计政策的选择更容易被接受。Cai等(2014)检验了公司的信息披露政策是否会受到董事联结网络的影响,选择是否停止季度盈余报告作为信息披露政策变化的指标,通过研究发现当与在前一个季度停止季度盈余报告的公司共享同一个董事时,该公司更倾向于停止提供季度盈余报告,此外还发现当连锁董事在其中一家公司停止季度盈余报告后获得收益,上述关系更加显著。最后指出连锁董事在公司之间披露政策的传播中起着重要的传递渠道的作用。

陈运森(2012)对独立董事网络位置与信息披露质量之间的关系进行了研究,指出独立董事所处的网络位置与信息披露质量之间呈显著正相关关系。陈仕华和陈钢(2013)对高管联结关系与公司的财务重述行为之间的关系进行检验,发现高管联结有助于财务重述在联结公司中传播。张娆(2014)对公司间通过连锁董事建立的联结关系对财务报告行为以及信息质量的影响,发现存在联结关系的公司间,财务信息质量具有相似性;此外还提出好的公司治理机制可以弱化上述影响关系。

(7) 其他公司治理行为。

Davis 和 Grev(1996)分别检验了"毒丸计划"在通过连锁董事所建立的公司间的网络联结关系中和"金色降落伞计划"在通过地理位置建立的公司间的网络联结中的传播速度,发现"毒丸计划"在连锁董事网络中快速传播,而"金色降落伞计划"则传播速度很慢。Fich 和 Shivdasani(2006)在文章中指出,当外部董事在3个以上的董事会任职时,往往伴随着更差的公司治理情况,当上述董事离开公司时,市场给予正面的反应——正的异常收益(Positive Abnormal Returns)。Kang 和 Tan(2008)通过社会网络的研究视角检验影响会计选择的因素并指出公司自愿将股票期权费用化可能是受到董事连锁网络的影响；通过研究发现当公司存在内部董事连锁关系，并且该连锁公司也有同样的会计选择时公司更容易自愿的将股票期权费用化。Bouwman（2011）通过对共享董事的公司间的公司治理机制的研究，发现共享董事的公司间相关的公司治理机制相似性很高，表明公司之间会通过共享董事建立的网络互相学习有效的公司治理行为。Cheung等（2013）研究了香港上市公司中董事网络对公司治理以及公司价值的影响，指出董事网络关系降低公司治理效率从而影响公司价值，同时市场对存在董事网络的公司的估价较低。

（8）对公司决策的影响。

Davis（1991）通过研究发现"毒丸计划"会通过公司间的社会网络关系进行传播。Haunschild（1993）检验了公司之间在做出并购决策时的模仿行为，发现公司的管理层会通过在其他公司兼任董事职位所建立的连锁网络模仿这些公司的并购行为。Battiston等（2003）指出公司中董事会的成员会通过其在其他公司兼任董事职位所建立的网络关系影响其个人意见与决策，并研究了董事网络的规模与布局是如何影响 CEO 做出的经营决策。Granovetter（2005）指出社会网络关系会影响信息传播的效率和信息质量，从而影响各种决策行为，例如对审计师的选择以及定价行为。Bizjak 等（2009）检验了董事联结关系对员工期权回溯在行业中传播的影响，发现当公司的董事与已经出现股票期权回溯公司中具有连锁关系时，那么这家公司很可能会出现股票期权回溯，表明相关的决策行为会通过连锁董事建立的网络进行传播。Kuhnen（2009）通过研究发现公司间的网络关系可以提高信息传递的效率，从而降低代理成本，但也存在利用网络关系寻租的行为；在基金公司中建立的董事联结关系是基于基金公司的董事与咨询公司以前合作的前提下。Brown 和 Drake（2014）检验了社会网络关系对不同的避税措施的影响，同时检验了不同的网络本质以及内容对网络关系与避税措施之间关系的影响，通过研究发现大量的避税措施通过社会网络关系在公司间共享，此外，使用连锁董事作为网络关系的代理变量，董事联结关系数量越多，现金抵扣有效税率越低；当目标公司与联结公司共享同一个本地审计师事务所时，董事网络对低税率公司的影响更加显著。最后作者指出网络关系的本质对公司网络关系与避税措施之间关系的影响非常重要。Lennox 和 Yu（2015）提出当公司更换一个新的会计师事务所时，究竟选择是否正确，往往伴随着很大的不确定性；而如果对更换的会计师事务所比较熟悉时，这种不确定性大幅度下降，Lennox 和 Yu 引入连锁董事作为是否熟悉的指标；通过研究发现公司更加倾向于选择连锁董事任职的其他公司已经使用过的会计师事务所。总体来讲，认为连锁董事网络帮助公司更多地了解会计师事务所并使更换事务所更加有效率。Fracassi（2016）检验了通过社会、教育以及职业关联建立的网络关系对高管在公司决策中的影响，作者发现两家公司共享的联结关系越多，其投资决策以及公司财务政策的选择越相似；此外作者发现公司处于网络中的位置与投资效率的高低也存在关系，处于中心位置的公司，与其他公司的投资策略相比更具有异质性，公司的业绩也更高；通过进一步的研究，作者发现当处于联结关系中的人员由于去世中断了联结关系时，公司间的相似性会变低。

杨蓓和张俊瑞（2011）在文章中对连锁董事对公司选择会计师事务所的决策是否存在影响进行分析，发现连锁董事的声誉对选择机制存在影响，具体表现为连锁董事的声誉与审计师质量的高低呈显著正相关关系。马超和陈仕华（2012）使用2007年上市公司的数据对董事网络与审计师选择之间的关系进行了研究，发现具有董事联结关系的公司之间，选择审计师的决策行为具有一致性，此外指出相对于内部董事形成的联结网络关系而言，外部董事网络联结对上述决策一致性的影响更强。王营和曹廷求（2014）通过对董事网络关系的研究指出网络关系有利于公司获得稀缺性的资源，具体表现为董事网络通过网络中心位置与结构洞的丰富程度对融资规模与成本产生影响，此外指出董事网络有助于缓解公司因负面新闻带来的问题。刘颖等（2015）在文章中检验了连锁董事对公司控股股东利益侵占与融资结构之间关系的影响作用，指出连锁董事处于董事网络位置越接近中心位置，对利益侵占与融资结构的调节作用越有效。马连福、张琦和王丽丽（2016）以技术密集型公司的数据为研究样本，对连锁董事的网络位置与公司对创新技术的投入之间的关系进行研究，发现董事网络位置中心程度越高，创新技术的投入越多，在民营企业中上述关系越显著。

高管社会关系网络对公司业绩的影响结论并没有统一，基本分为两种观点：一种是高管社会关系网络（董事网络、连锁董事、高管联结）通过改善公司的治理效果从而对公司业绩有正面的影响（Kuhnen，2009；Cai 和 Sevilir，2012；Larcker 等，2013；Horton 等，2013；Lu 等，2013；田高良等，2011；陈运森和谢德仁，2011；陈运森，2015；Fracassi，2016）。另一种是具有高管社会关系网络的公司由于其董事会成员的"繁忙"，从而导致公司治理效率降低，公司业绩更差（Core 等，1999；Ferris 等，2003；Fich 和 Shivdasani，2006；Guedj 和 Barnea，2007；Fracassi 和 Tate，2012；任兵等，2007）。

处于高管社会关系网络中的企业通过网络具备的交流与沟通功能获取并购所需信息，进而对企业并购绩效的提升有显著的影响（Cai 和 Sevilir，2012；陈仕华等，2013；万良勇和胡璟，2014；万良勇和郑小玲，2014）。

国内外学者关于高管社会关系网络是否提高公司治理效果的研究结论并不统一，主要分为以下两个观点：第一，由于公司高管的一些个人自利目标（如防止被解职或获得更高的报酬等）而建立高管社会关系网络或者由于"繁忙"董事等原因，降低了公司治理效率（Fich 和 Shivdasani，2006；Kramarz 和 Thesmar，2013）；此外，一些学者认为盈余管理及其他一些降低公司治理效率的行为会通过高管社会关系网络在企业间传播（Granovetter，2005；Hirshleifer 和 Teoh，2009；Chiu 等，2012；陈仕华和陈钢，2013；张娆，2014；Cai 等，2014；李青原等，2015）。第二，部分学者通过研究认为高管社会关系网络可以提高公司治理效果，降低盈余管理水平（彭正银和廖天野，2008；钱嫒琳，2013；傅代国和夏常源，2014），并提高公司财务报告的质量（Fich 和 Shivdasani，2007；陈运森，2012）。

高管社会关系网络对管理层的报酬与轮换也具有一定的影响，认为该网络会导致公司支付高额的管理层报酬（Hallock，1997；Lacker 等，2005；Faleye，2007；Guedj 和 Barnea，2007；Nguyen，2007；Andres 和 Lehmann，2013；李留闯和田高良，2014）。

三、地理区域对高管社会关系网络的影响

Kono 等（1998）对美国财富 500 强企业的分析表明，公司间总部位于同一城市，且该城市有企业精英俱乐部的公司之间更可能形成局部性的（或"地方性的"）连锁关系，而资源依赖关系并不影响局部连锁关系的形成。马磊（2016）指出与参照组西北地区相比，位于华东地区的公司更可能形成连锁董事网。马丽等（2004）从企业行为博弈角度出发，指出地方生产网络演变可分为连接扩展型、破碎溶解型、成长壮大型和抵抗衰落型四类。李二玲和李小建（2009）运用企业问卷调查和社会网络分析法，分析了河南省虞城县南庄村钢卷尺产业集群网络的形成和演化过程，发现家族或泛家族网络、内部分工生产网络、本地创新网络以及全球供应链网络在集群网络的产生、成长、成熟和升级阶段发挥了重要作用。

第四节 企业创新相关文献综述

经济学家 Schumpeter（1934）首次提出"创新"概念，认为技术创新才是经济增长的根本驱动力，是决定经济周期波动的主要影响因素。一直以来，创新作为企业获取竞争优势的来源而受到学术界与企业界的广泛关注。

第二章 理论基础和文献综述

通过对国内外学者的研究梳理，关于企业创新的研究，我们可以分为两个角度来分析——企业外部宏观环境与企业管理层个人特征。

首先，国家制度（法律、金融市场）等宏观环境对企业创新的影响，我们发现如果国家或地区对创新保护水平较高及金融体系发展较健全时，企业创新绩效较高（Ang 等，2014；Hsu 等，2014）；蔡竞和董艳（2016）认为地区的特征如地区银行间的竞争情况以及制度因素也对企业的创新活动产生影响。地区文化特征等因素也会对企业创新产生影响，例如，潘越等（2017）提出文化多样性能够显著促进企业创新水平的提升。Niebuhr（2010）通过研究不同文化背景的人员对企业创新的影响，发现来自不同文化背景的人员在知识以及能力方面存在异质性，并且强化了地区企业创新的提升。Talhelm 等（2014）和 Ruan 等（2015）认为我国各地的社会、经济和文化发展水平极不平衡，各地在创新活动方面也差异很大。例如发现中国不同地区的创新水平存在明显的差异。

其次，关于企业管理人员的背景特征研究始于 Hambrick 和 Mason（1984）首次提出的"高层梯队理论"（Upper Echelons Theory），认为由于公司内部环境、外部市场的复杂性，作为公司经营管理者不可能对公司的内外环境有足够的、全面的认知。管理者往往存在选择性视线观察和考虑，这样一来，由于管理者的局限性认知，管理者对公司的相关信息的认知受其自身的认知能力、感知能力和价值观等影响较大。目前，随着"高层梯队理论"的提出，国内外诸多学术研究成果关于高管人员的个人背景特征与公司治理机制、公司投资决策方面的探讨研究有了更加深入的理解，研究成果丰富。高管个人背景特征对企业创新的影响研究主要表现在以下几个方面：Bantel 和 Jackson（1989）研究结论表明，公司高管人员的年龄、任职期限及教育经历等因素对公司的创新行为有重要关联。年轻、学历越高的管理者更具有适应能力和创新精神，更容易改变企业战略（Camelo - Ordaz 等，2005）。Camelo Ordaz 等（2009）揭示了公司高管人员的年龄、任职期限及教育背景等因素对公司的创新行为有着重要关联。在年龄方面，主要存在两种观点：一种观点认为，随着年龄的增长，管理层的风险规避系数随之递增。越年轻的高管对于预期收入的期望越高，使风险规避系数越低（池国华等，2014）。另一种观点认为，管理层在不同年龄段对待风险的态度不同。在性别方面，学者普遍认为女性比男性更厌恶风险（Gulamhussen 和 Santa，2010；何瑛和张大伟，2015；Faccio 等，2016）。在专业背景方面，Belghitar 和 Clark（2012）发现具有财务背景的管理层更有可能规避风险，因为谨慎性与可靠性的执业准则要求会导致其形成相应的性格与习惯，降低风险偏好水平。在任职期限方面，刘运国和刘雯（2007）认为 R&D 支出同高管任期呈显著正相关关系，高管任期越长的公司，R&D 支出越高；高管是否离任与 R&D 支出呈显著负相关关系，证明了即将离任的高管的确没有积极性增加 R&D 支出；另外，年龄段不同的高管，任期内对 R&D 支出的影响存在显著差异；高新技术企业与非高新技术企业高管的任期对 R&D 支出影响也存在显著不同；高管是否持股与 R&D 支出显著正相关，说明对高管的股权激励有利于增加公司的 R&D 支出。

第五节 国内外文献述评

在对公司所处地区环境差异研究进行梳理后，我们发现公司的经营及治理与所处地区外部环境密不可分，因此，在对企业创新展开研究时，必须考虑公司所处地区环境差异对其影响的研究情境。例如，影响企业创新的外部环境因素，地区法律环境、地区文化环境以及地区资本市场发展等各项因素的差异。不同的资本市场发达程度，对企业创新的影响不同。与欠发达的资本市场相比，发达的资本市场能够为企业降低融资成本，缓解企业面临的融资约束，能够为企业创新提供持续性的资金支持，促进企业创新水平的提升。从知识产权保护的角度展开地区法律环境差异对企业创新的影响，法律环境较好的地区，管理层增加创新投入的意愿较高，有助于促进企业创新水平的提升；从投资者保护的角度，地区法律环境对投资者保护程度较高时，投资者愿意将资金投入企业创新活动中，促进提高企业创新。地区文化对公司的捐赠行为、信息披露行为、违规行为、资金成本等方面造成影响，对于企业创新也一样，地区重商文化能够显著促进企业创新水平的提升（许为宾和周建，2017）。因此，在研究企业创新时，必须要考虑公司所处地区的外部环境差异的影响。

企业创新的影响因素包括：宏观环境因素以及管理层个人特征因素。其中宏观环境因素主要是指企业所处地区环境因素。我国各地的社会、经济和文化发展水平极不平衡，各地在创新活动方面也差异很大。例如地区法律环境、地区文化环境以及经济发展情况等。管理层个人特征因素主要是指企业管理层的性别、年龄、学历背景、任职期限等微观层面的因素，通过影响企业管理层的创新决策，进而影响企业创新水平。

从国内外研究现状来看，高管社会关系网络（董事网络、连锁董事、高管联结等）已成为公司治理与公司财务领域的重要研究主题，同时社会网络关系的经济后果的研究也日渐成熟，现有研究成果为本书的研究奠定了良好的基础，特别是高管社会关系网络的经济后果的研究成果，为进一步深入探析高管社会关系网络对公司业绩及公司治理的作用机理奠定了基础。在研究高管社会关系网络对公司治理效果及公司行为产生影响机制的研究中需要将关系网络所处的地区环境因素纳入分析框架，考虑关系网络的外部制度环境及治理环境对高管社会关系网络通过沟通、学习影响公司行为的机制，以实现对高管社会关系网络内在机制的更深入的认识。

基于以上的分析，现有研究在研究内容上存在进一步完善的空间：①缺乏结合公司所处外部环境对高管社会关系网络的系统研究，多数研究仅从公司本身或高管本身的单一视角出发，探索其影响作用。②研究所涉及的影响企业创新水平的因素，大多是从制度环境因素以及管理层个人特征因素单独分析对企业创新的影响，缺少将宏观因素企业所处地区环境差异与管理层个人因素之一的高管社会关系网络结合起来分析对企业创新的影响。③高管社会关系网络虽然是由管理层建立的，但公司也处于网络关系中，公司处于不同的地区环境中。因此，探究高管社会关系网络对企业创新的影响机制，必然要将高管社会关系网络与地区环境差异结合起来。

基于文献分析法，初步提出高管社会关系网络、地区环境差异及企业创新之间的逻辑关系。第一，由于我国上市公司高管兼任职位的现状及既有文献对连锁董事（董事网络、高管联结）的研究成果，本书将高管社会关系网络界定为企业间由高管通过在其他上市公司兼任职位所形成的网络关系。第二，不同地区环境差异主要是指地区法律环境差异、地区文化环境差异以及地区资本市场发展程度，这些地区环境的差异对高管社关系网络以及企业创新均具有直接或间接的影响作用。第三，地区环境差异作为影响企业创新的外部环境，高管社会关系网络可能会在地区环境差异影响企业创新的作用过程中可能具有调节作用。

综上所述，本书将考察地区环境影响企业创新的机制，同时探究高管社会关系网络对企业创新的影响机制，进一步考察高管社会关系网络在其中发挥的调节作用。

第三章 高管社会关系网络及地区环境差异变量设计、样本选择和描述性统计

第一节 地区环境差异变量设计及度量

一、法律环境

在选取法律环境的代理变量时,本书借鉴柯东昌和李连华(2020)的做法,使用王小鲁等(2016)在《中国分省份市场化指数报告》中所提供的数据,构建各省市的法律环境指数。该指数越高,表示该地区的法律环境越优良。由于该报告数据截至2014年,同时鉴于制度环境的稳定性,本书用2014年数据来近似代替2015~2018年数据。此外,在稳健性检验部分,借鉴王崇峰和柳润泽(2019)的方法,使用各地区在查处商标侵权假冒案件的数量占全国总案件数量的比例。

二、地区文化

在选取地区文化的代理变量时,本书选取地区文化产业聚集程度指标,该指

数越高,表示该地区的文化产业聚集程度越高。文化产业聚集程度代表了地区的第三产业的发达程度,发达程度越高,一定限度上表明该地区文化的包容、思想的开放程度较高,该地区对各种文化的包容性越强。借鉴王猛等(2015)的方法,文化产业聚集程度用区位熵表示,区位熵测度了某一区域或城市的产业在全国范围内的专业化优势,其计算公式为:

$$Cluster_i = \frac{X_i/Y_i}{\sum X_i/Y_i}$$

式中,X 表示城市 i 文化产业的就业水平,Y 表示城市 i 的总就业水平;$\sum X_i$ 表示全国文化产业的就业水平,$\sum Y_i$ 表示全国的总就业水平。在稳健性检验中,本书选取了地区人力资本作为地区文化的代理变量,人力资本为地区每万人中的高等学校在校生人数来表示。地区人力资本指数越高,意味着地区文化水平较高。

三、地区资本市场发展程度

在选取资本市场发达程度的代理变量时,本书借鉴李涛和徐昕(2005)及朱红军等(2006)的方法,使用王小鲁等(2016)《中国分省份市场化指数报告》中所提供的数据,构建各省市的资本市场发达指数,该指数越高,表示该地区的资本市场发展越优良。由于该报告数据截至 2014 年,同时鉴于制度环境的稳定性,本书用 2014 年数据来近似代替 2015~2018 年数据。

第二节 高管社会关系网络变量设计

本书将高管社会关系网络定义为公司的高管(董事、监事、总经理、财务总监等高级管理层)通过在其他公司中兼任管理层职位(如董事、监事、其他管理层职位等）而形成的关系网络。借鉴国内外学者的方法（Stuart 和 Yim, 2010；张娆, 2014），本书将高管社会关系网络变量的度量如下：

当 A 公司的高管通过兼任职位的形式在 B 公司兼任高管职位时，高管社会关系网络（Interlock）取值为 1，表明 A 与 B 公司互为联结关系；当 A 公司的高管没有在其他公司兼任职位的情况时，高管社会关系网络（Interlock）取值为 0，表明 A 公司与其他公司之间不存在联结关系。本书还通过将每个公司高管社会关系网络数量占高管数量的比例（Cinterlock）作为衡量高管社会关系网络的连续变量。此外，在稳健性检验中本书借鉴陈运森（2012）、王崇峰和柳润泽（2019）等学者的研究方法，选取了高管社会关系网络的程度中心度、接近中心度及中介中心度等指标作为高管社会关系网络的替换变量。

程度中心度（Degree），即：

$$Degree = \sum_j X_{ij} / (n-1)$$

式中，X_{ij} 代表董事 j 和 i 是否存在直接联系，$\sum_j X_{ij}$ 为董事 i 的直接关系总量，为了消除规模差异，需要除以董事 i 在网络矩阵中最大可能的关系数 $n-1$。

第三节 企业创新

本书使用企业的专利申请数量（包括专利、发明与外观设计专利）与 1 之和的自然对数作为企业创新产出的代理变量（潘红波和张睿，2016）。由于企业的专利申请与授权具有滞后性，当年申请或授权的专利，并不能表明该专利是当年的成果，而有很大可能是前面几年的成果，因此，在稳健性检验中，本书设置了创新的滞后 1 期、滞后 2 期数据，分别在实证检验模型中分析（潘红波和张睿，2016；姚立杰和周颖，2018）。同时，本书也采取了企业研发投入占销售收入比例作为企业创新投入的代理变量。

第四节 样本选择

本书选取 2007~2018 年沪深 A 股上市公司的数据作为样本，本书的数据来源于国泰安数据库（CSMAR）、万德数据库（WIND）以及新浪财经网。具体来源如下：

文中公司高管的个人情况（包括任职情况、简历等）信息来源于 CSMAR，其中有缺失数据则从新浪财经网中补充；公司的部分财务数据、地区文化相关数据以及公司的专利申请相关数据来源于 CSMAR，其余数据来源于 WIND。剔除金融行业的公司数据以及高管数据缺失的数据后，得到样本量为 6455 个。为了避免异常值对研究结果的影响，本书对文中的相关数据进行了 1% 的缩尾处理。

关于高管社会关系网络数据的处理过程如下：

本书从国泰安数据库搜集到上市公司的高管基本情况（包括任职情况、简历及个人介绍等信息），其中缺失数据从新浪财经网中手工补充完整；在数据整理过程中，需要手工对高管中重名重姓的情况剔除出去，以便得到真正的高管社会关系网的数据。

第五节 描述性统计

表 3-1 中列示的是主要变量的描述性统计结果，Patent 的均值为 98.694，表明公司平均每年的专利为 98 项，RD 的均值为 0.002，表明公司对企业创新的投入平均水平占销售收入的 0.2%，Interlock 的均值为 0.900，表明样本公司中 90% 的公司具有高管社会关系网络。Interlock_num 的均值为 5.132，表明存在高

管社会关系网络的平均数量为 5.132 个。Cinterlock 的均值为 0.546，表明每个公司高管社会关系网络的数量占高管数量的比例的均值为 54.6%。Lawscore 的均值为 6.983，表明公司所处法律环境的平均得分为 6.983，H_law 的均值为 0.433，表明公司所处法律环境较好地区的比例为 43.3%。Cluster 的均值为 0.863，表明地区文化产业聚集程度的平均水平为 0.863，HC 的均值为 0.522，表明处于地区文化产业聚集程度较高地区的公司为 52.2%。Stockmarket 的均值为 9.561，表明公司所处地区资本市场发达程度的平均得分为 9.561。

表 3-1 主要变量描述性统计

变量名称	N	最小值	最大值	均值	中位数
Patent	6455	2.000	1312.000	98.694	20.000
Lnpatent	6455	1.099	7.180	3.231	3.045
RD	6455	0.000	0.062	0.002	0.000
Interlock	6455	0.000	1.000	0.900	1.000
Interlock_num	6455	0.000	23.000	5.132	5.000
Cinterlock	6455	0.067	2.556	0.546	0.500
Degree	6455	0.000	32.000	5.871	5.000
Lawscore	6455	1.550	16.190	6.983	5.830
H_law	6455	0.000	1.000	0.433	0.000
Cluster	6455	0.327	2.110	0.863	0.884
HC	6455	0.000	1.000	0.522	1.000
Stockmarket	6455	3.930	12.230	9.561	9.810

第四章 高管社会关系网络与企业创新

第一节 概述

企业创新成为近年来的研究热点问题，尤其是提升企业创新水平的研究。企业创新是由四个方面的内容共同决定的：资本、人力资本、知识和环境。而其中企业家作为企业人力资本的重要来源之一，其社会资本对企业创新的影响就成为相关领域的研究前沿问题。依据社会资本理论的观点，社会网络中的参与者可以获得镶嵌在网络中的知识及信息。因此，公司高管（企业家）的社会资本能够为企业创新提供有效的知识及信息，从而提高企业创新的效率。国内外学者对此进行了探究，例如，Yli – Renko（2001）通过对英国的高新技术企业的研究，发现企业从客户获取有效的外部知识与社会资本显著正相关；Maskell（2000）通过研究发现社会资本可以降低企业内部以及外部之间的合作成本，从而提高了企业创新的效率。通过对相关数据的研究发现，我国约85%的上市公司都具有董事网络关系，董事网络（连锁董事、高管联结）作为企业间重要的关系之一，其对企业的影响也日渐深远，但关于董事网络对企业创新的影响则相对较少。据以往学者的研究，高管社会关系网络中镶嵌着许多社会资本及各项资源，并可以为企业提供高效、便捷的沟通及信息交流的渠道。本书则将高管社会关系网络对企业创新的影响作为研究内容,从网络自身的信息传递以及学习功能两个视角,展开对企业创新的研究。

第二节 文献综述与研究假设

一、高管社会关系网络

社会资本是企业高管社会关系网络的重要价值体现,有了社会资本,网络才成为一种资源,具备了促进企业发展的能力。在一定程度上,社会关系网络可以成为某些市场或地方性政策及制度的替代机制,进而对相关的企业产生影响(Peng 和 Luo,2000)。高管社会关系网络是企业间重要的关联关系,其沟通与信息传递的作用对企业的方方面面产生影响。企业高管在多家公司任职,对企业创新有一定的促进作用。Daziel 等(2011)的研究表明联结董事作为公司外部环境进行知识与信息沟通的媒介,能够使公司获取到更多关于研发决策的制定、实施过程的可行性相关信息及潜在的备选方案,在进行研发投资决策制定时能够进行更科学合理的论证,提高研发投资决策制定效率。段海燕(2012)发现连锁董事有助于提升企业的创新绩效,有助于减少组织冗余,而这种冗余的减少并不能改善企业创新绩效。樊利军和段海燕(2016)指出董事网络的社会资本提高了企业研发投资决策的效率,进而提高了企业的创新水平。严若森和华小丽(2017)通过研究发现连锁董事网络中心度以及结构洞的丰富程度显著促进了企业创新。王营和张光利(2018)通过对民营企业董事网络与企业创新决策的研究,发现企业通过董事网络的引资与引智的作用促进了企业创新水平的提高,他们认为我国民营企业可以通过建立董事网络提高创新水平。刘颖(2018)指出董事网络中心度越高，越有利于渐进式创新战略的制定和实施，降低了风险和回报的不确定性，增强了债权人和管理层的信心，从而企业也能从债权人处获取资金。此外，企业在董事网络中的中心度越高，重复及冗余的信息不利于企业进行突破式创新活动，进而使企业采取保守的财务战略，保持较低的财务杠杆。

二、高管社会关系网络与企业创新

Lin（2001）指出社会资本是通过行动者的社会网络关系而获取的资本，利用其所在网络或者群体中的联系和资源来发挥作用。结合 Granovetter（1985）提出的镶嵌理论，高管社会关系网络中镶嵌着社会资本，即企业所需的经营与治理相关的重要信息与各项资源。王霄和胡军（2005）以中小企业为研究对象，发现其外部社会环境的信任合作认知和创新水平呈正相关的关系。张方华（2006）通过问卷调查和典型案例结合的方式调查了全国多个地区不同行业的企业，他发现与外部企业的互动与合作无论是对企业内部资源还是企业外部的资源都有着显著的整合效果，这也就意味着对创新能力有着一定的提高作用。韦影（2007）从资源获取与知识转移的维度分析社会资本与创新的关系，他认为社会资本的结构、关系与认知的水平与创新绩效的增加有着正面的作用，并提出社会资本创造使用知识的契机，压缩了获取知识的时间并加速了知识的转化吸收。

首先，高管社会关系网络为企业提供了提高企业经营与公司治理的社会资本。Hirshleifer 和 Teoh（2003）指出分析师和投资者在决定讨论或投资股票时会出现"羊群效应"，作者发现公司之间会通过"羊群效应"传递投资决策、财务决策以及对外报告的决策。Kang 和 Tan（2008）通过社会网络的研究视角检验影响会计选择的因素并指出公司自愿将股票期权费用化可能是受到董事连锁网络的影响；通过研究发现当公司存在内部董事连锁关系，并且该连锁公司也有同样的会计选择时公司更容易自愿地将股票期权费用化。Bouwman（2011）通过对共享董事的公司间的公司治理机制的研究，发现共享董事的公司间相关的公司治理机制相似性很高，表明公司之间会通过共享董事建立的网络互相学习有效的公司治理行为。Cheung 等（2013）研究了香港上市公司中董事网络对公司治理以及公司价值的影响，指出董事网络关系降低公司治理效率从而影响公司价值，同时市场对存在董事网络的公司的估价较低。陈仕华等（2013）在文章中以信息不对称的研究视角对公司高管联结关系与并购绩效进行了研究，发现并购方与目标方公司之间的董事连锁关系与长期的并购绩效存在显著的正相关关系，并且指出当该联结关系是由内部董事连锁形成时，上述正向关系显著性更强。万良勇和胡璟（2014）在对董事连锁的网络位置与公司并购绩效之间的关系进行了研究，发现公司处于董事连锁网络中的位置越中心，其并购绩效更高。

其次，其为企业间提供了信息沟通与交流的渠道。Ellison 和 Fudenberg（1995）通过对决策者的口头交流信息整合的研究，发现通过口头交流后所作出的决策水平要优于平均水平。Davis（1996）在文章中检验了在 1984~1989 年美国公司"毒丸计划"的快速传播现象，发现公司间的共同所有者结构以及连锁网络是公司决策快速传播的主要渠道。陈仕华和马超（2011）在文章中检验了高管联结关系与公司行为之间的关系，发现存在高管联结的公司之间，其慈善捐款行为趋于一致，此外作者将高管联结关系分为内部联结与外部联结，并指出外部联结关系对公司捐款行为的影响要低于内部联结关系。Chiu 等（2012）在文章中检验了盈余管理在共享董事的公司间的传播现象，发现当公司与另一家正在进行盈余管理的公司共享同一个普通董事时，该公司很可能进行盈余管理行为，这种传染效应在共享董事具有领导职务或具有财务会计相关专业背景时更强；相应地当公司与另一家不存在盈余管理的公司共享董事时，该公司存在盈余管理行为的可能性很小。此外，Chiu 等通过研究指出在会计处理传播现象中，违规行为的传播的比例要高于错误行为，最后提出董事监督在公司财务报告质量控制以及传播过程中起着重要的作用。Kedia 等（2015）通过对 1997~2008 年的 2376 例财务重述公告进行盈余管理扩散的研究，在控制了行业以及公司特征后，发现在行业领军公司发布财务重述公告后,行业内的其他公司倾向于开始进行盈余管理。

依据组织学习理论,企业可以通过两种方式学习:其一为自我经验学习,其二为替代式学习(从其他企业获得)。通过自我经验学习往往需要不断重复、纠错,需要耗费大量的资源,成本较高。尤其是当企业自身经验不足、行为结果不确定时,企业难以全面观测到自身的反应,依据以往经验可能导致企业做出错误的判断。外部经验的观察和模仿在其获取知识的过程中具有快捷性及高效性,且不必像自我经验学习那样需要关注并等待执行结果反馈,只需概念化企业行为的步骤,并根据企业自身情况进行调整,在一定程度上规避自身经验不足带来的风险。企业创新是一项风险相对较大的投资,企业投入的人力与资金成本有可能最终并不能取得相应的回报。因此,企业创新水平的提高是一个难题,有学者认为,通过提高管理层的激励水平促使其做出提高企业创新水平的决策;缓解企业面临的融资约束,进而提高企业创新水平;企业可以通过建立政治关联,提高企业的创新水平等。以上的研究结果证明了高管社会关系网络具有很强大的社会资本,包括与同行业中其他企业的横向社会资本,与政府所建立的政治社会资本,与产业链中的企业建立的纵向社会资本。但无论是哪种社会资本,都对企业创新有着显著的促进与提升的作用。网络中的社会资本为管理层提供建议、资金、技术、人力资源以及信息,使管理层更趋向创新、推出新产品、进入新市场(Anderson等,2007)。管理层可以通过在其他公司中兼任职位时,与供应商、分销商、顾客、同行业竞争对手、合作伙伴等建立关系,从而为企业创新活动提供资源和平台(李辉和张晓明,2013)。本书认为可以通过建立企业间的高管社会关系网络,提高企业的创新水平。高管社会关系网络中镶嵌着的社会资本,其中不乏网络中创新水平高的企业成员的成功经验,另外,关系网络所提供的信息沟通及传递的渠道,也有利于企业获得并吸收其他企业的成功经验。基于以上分析,我们提出以下假设:

假设4-1:企业间的高管社会关系网络能够显著提高企业的创新水平。

第三节 研究设计

一、研究样本与数据来源

本书选取 2007~2018 年沪深 A 股上市公司的数据作为样本,本书的数据来源于国泰安数据库（CSMAR）、万德数据库（WIND）以及新浪财经网。具体内容见前文第三章。

二、变量定义

（1）高管社会关系网络。

本书将高管社会关系网络定义为公司的高管（董事、监事、总经理、财务总监等高级管理层）通过在其他公司中兼任管理层职位（如董事、监事、其他管理层职位等）而形成的关系网络。具体内容见第三章。

（2）企业创新。

本书使用企业的专利申请数量（包括专利、发明与外观设计专利）与 1 之和的自然对数作为企业创新的代理变量（潘红波和张睿，2016）。具体内容见第三章。

（3）控制变量。

本书借鉴了以前学者的研究（李春涛和宋敏，2008；Tian 和 Wang，2014；潘红波，2016），在模型中控制了可能影响企业创新的其他因素,具体包括企业规模、财务杠杆、资产收益率、独立董事比例、管理层持股、亏损、企业性质等。

表4-1 变量定义

变量名称	符号	变量定义
企业创新	Lnpatent	第t年专利申请数量与1之和取自然对数
	RD	第t年企业研发支出占销售收入的比例
高管社会关系网络	Interlock	虚拟变量,当高管存在社会关系网络时,取值为1,当高管不存在社会关系网络时,取值为0
	C-Interlock	每个公司高管社会关系网络的数量占高管数量的比例
	Cinterlock	每个公司高管社会关系网络的数量
	Degree	程度中心度,计算方法如前文所述
公司业绩	ROA	第t年总资产收益率(净利润/平均总资产)
独立董事比例	OUTSIDE_DIRECTOR	t年末公司独立董事占董事会人数的比例
高管持股	M_SHARE	t年末,高管持股比例加1的自然对数
企业性质	STATE	虚拟变量,t年末企业性质为国有企业,取值为1,否则取值为0
公司规模	SIZE	t年末,公司资产价值的自然对数
财务杠杆	LEV	t年末,公司的财务杠杆比例,资产总额/负债总额
亏损	LOSS	虚拟变量,t年末,公司的净利润小于0,取值1,大于0,取值0
两职兼任情况	Dual	董事长和总经理由一人兼任,取值为1,否则取值为0

三、模型构建

本书使用企业当期数据通过下述模型检验高管社会关系网络对企业创新的影响。由于企业创新具有一定的滞后性,因此,本书在稳健性检验的模型中考虑到了上述因素,解释变量使用滞后1期及滞后2期的数据分别检验。

$$Lnpatent_{i,t}/RD_{i,t} = \alpha_0 + \alpha_1 INTERLOCK_{i,t} + \alpha_2 SIZE_{i,t} + \alpha_3 ROA_{i,t} + \alpha_4 LOSS_{i,t} + \alpha_5 LEV_{i,t} + \alpha_6 STATE_{i,t} + \alpha_7 SHARE_{i,t} + \alpha_8 DUAL_{i,t} + \alpha_9 OUTSIDE\_DIRECTOR_{i,t} + \varepsilon_{i,t} \quad (4-1)$$

模型(4-1)中涉及的控制变量,则是参照以往学者(李春涛和宋敏,2008)的研究,将可能会影响企业创新的其他因素考虑在内。

第四节 实证研究结果分析

一、描述性统计

表 4-2 中报告的是各变量的描述性统计结果,表明样本企业中申报专利(Patent)数量的均值为 85.666 项,其中申请数量最多为 1312 项,最小为 0 项。RD 表明公司研发支出占销售收入比例的均值为 0.2%,最大值为 6.2%,最小值为 0。Interlock 的结果表明上市公司中平均有 98.5% 的公司都存在高管社会关系网络。其中每个公司的高管社会关系网络的数量(Cinterlock)的均值为 5.025,最小值为 1,最大值为 23;每个公司高管社会关系网络数量占高管总人数比例(C-Interlock)的均值为 0.536%。以上数据表明高管社会关系网络已经成为上市公司普遍存在的现象。关于高管持股数量(M_SHARE)的数据表明,上市公司高管持股的均值为 4111423 股,最小值为 0 股,最大值为 655000000 股。

表 4-2 描述性统计

变量	N	均值	最小值	最大值	中位数
Patent	5334	85.666	2.000	1312.000	20.000
Lnpatent	5334	3.147	1.099	7.180	3.045
RD	5334	0.002	0.000	0.062	0.000
Interlock	5334	0.985	0.000	1.000	1.000
C-Interlock	5334	0.536	0.067	2.556	0.467
Cinterlock	5334	5.025	1.000	23.000	5.000
Degree	5334	0.000	31.988	5.921	5.000
SIZE	5334	22.265	18.903	26.660	22.091
LEV	5334	0.504	0.006	1.140	0.515
LOSS	5334	0.140	0.000	1.000	0.000

续表

变量	N	均值	最小值	最大值	中位数
ROA	5334	0.046	−0.229	0.459	0.031
STATE	5334	0.355	0.000	1.000	0.000
OUTSIEDE_DIRECTOR	5334	0.369	0.300	0.571	0.333
DUAL	5334	0.000	1.000	0.157	0.000
M_SHARE	5334	4111423	0.000	655000000	26726

二、相关性分析

表4-3中报告的是主要变量的相关系数,结果表明企业创新与高管社会关系网络在1%的水平显著正相关,说明高管社会关系网络能够显著促进企业创新水平的提高,二者之间具有显著的正相关关系,该相关性分析结果支持假设4-1。

表4-3 主要变量相关系数

	lnpatent	Patent	C-Interlock	CInterlock
lnpatent	1.000	1.000***	0.102***	0.080***
Patent	0.733***	1.000	0.102***	0.079***
C-Interlock	0.032***	0.033***	1.000	0.891***
CInterlock	0.087***	0.089***	0.879***	1.000

注:***、**和*分别表示在1%、5%和10%的水平上显著,左下角为Pearson相关系数,右上角为Spearman相关系数,下同。

三、单变量差异分析

表4-4的结果是分别对有高管社会关系网络的企业以及无高管社会关系网络的企业创新的均值进行了T检验和Z检验,发现二者具有显著差异,表明有高

管社会关系网络的公司与无高管社会关系网络的公司间的企业创新具有显著的差异,即高管社会关系网络对企业创新具有显著影响。

表4-4 单变量检验

变量		无高管社会关系网络样本组		有高管社会关系网络样本组		T检验	Z检验
		均值	标准差	均值	标准差		
企业创新	Lnpatent	2.7	1.151	3.154	1.469	-3.483***	-2.497***
	Patent	28.278	39.185	86.528	218.993	-10.90***	-2.497***
	RD	0	0.001	0.002	0.009	-14.54***	-2.339***

四、实证检验

(1) 高管社会关系网络与企业创新。

表4-5是在控制了可能影响企业创新水平的企业自身特征(SIZE, ROA, LEV, LOSS)与公司治理特征(DUAL, OUTSIDE_DIRECTOR, M_SHARE)后,高管社会关系网络与企业创新的实证研究结果。由表4-5中数据可知,高管社会关系网络(INTERLOCK)与企业创新(Lnpatent, RD)的相关关系。Interlock 与企业创新产出 Lnpatent 在1%的水平上显著正相关(0.571***, 4.27); Interlock 与企业创新投入 RD 在1%的水平上显著正相关(0.03***, 2.84),存在高管社会关系网络的公司,其企业创新投入及创新产出水平都得到了显著的提升;高管社会关系网络的连续变量 Cinterlock 与企业创新产出 Lnpatent 在1%的水平上显著正相关(0.299***, 5.97),高管社会关系网络数量占高管总数量的比例越高,企业创新产出水平越高,Cinterlock 与企业创新产投入 RD 呈正相关关系但并不显著(0.000, 0.67)。上述结果表明,企业能通过关系网络的沟通及信息获取功能从高管社会关系网络中获得其中镶嵌着的各项社会资本,例如提高企业创新水平的成功经验,进而显著促进企业创新水平的提高,支持假设4-1。

表4-5 高管社会关系网络与企业创新

VARIABLES	(1) Lnpatent	(2) Lnpatent	(3) RD	(4) RD
Interlock	0.571*** (4.27)		0.003*** (2.84)	
Cinterlock		0.299*** (5.97)		0.000 (0.67)
SIZE	0.123*** (15.19)	0.125*** (12.37)	-0.000*** (-8.00)	-0.000*** (-7.94)
ROA	-0.398 (-1.51)	-0.461* (-1.74)	-0.009** (-5.07)	-0.009*** (-5.10)
LOSS	-0.149*** (-2.63)	-0.12** (-2.09)	0.001* (1.83)	0.001* (1.91)
LEV	-0.159* (-1.77)	-0.195** (-2.15)	0.001** (2.08)	0.001** (2.10)
STATE	-0.132*** (-3.70)	-0.139*** (-3.87)	-0.001*** (-3.23)	-0.001*** (-3.21)
DUAL	0.222*** (4.66)	0.248*** (5.15)	-0.001*** (-4.03)	-0.001*** (-3.97)
OUTSIDE_DIRECTOR	1.652*** (5.30)	1.616*** (5.15)	0.004* (1.80)	0.003* (1.74)
M_SHARE	0.047*** (14.73)	0.049*** (15.18)	0.000*** (6.40)	0.000*** (6.44)
Observations	7095	6.984	6588	6467
R^2	0.185	0.190	0.06	0.061
p-value	0	0	0	0

注：*** 表示 $p<0.01$，** 表示 $p<0.05$，* 表示 $p<0.1$。

(2) 进一步分析。

目标公司与联结公司：表4-6的实证检验结果表明了具有高管社会关系网络的公司的组织学习效应，即与创新水平较高的公司形成网络是否提升了联结公司的创新水平。由表4-6的数据可知，目标公司作为创新水平较高的公司，在建立社会关系网络后,其创新产出水平显著提高(1.887*,0.248***),创新投入水平没有显著地增加(0.000,0.000);联结公司在与目标公司建立社会关系网络后,其创新水平得到了显著提升,表现为创新产出 Lnpatent 与 Interlock 及 Cinterlock 的相关系数为(0.032,0.245***);创新投入 RD 与 Interlock 及 Cinterlock 的相关系数为(13.715*,1.91)。依据组织学习理论,在高管社会关系网络中的企业,尤其是创新水平较高的企业,其成功经验会成为网络中其他联结企业的学习内容,通过沟通与交流,提高了联结企业的创新水平。此外,通过对实证研究结果的分析,目标公司的创新水平也受到了高管社会关系网络的显著的促进,该结果说明了企业在与同行业或其他的行业(包括上下游企业)的企业建立关系网络,能够从规避风险、获得创新的想法、降低研发成本、获得创新平台等方面获得包括人力、物力以及资金等方面的支持,从而不仅提高了联结公司的创新水平,同时也提高了目标公司的创新水平,达到了"双赢"。

表4-6 高管社会关系网络与企业创新(目标公司与联结公司)

VARIABLES	(1) Lnpatent (目标)	(2) Lnpatent (目标)	(3) Lnpatent (联结)	(4) Lnpatent (联结)	(5) RD (目标)	(6) RD (目标)	(7) RD (联结)	(8) RD (联结)
Interlock	1.887* 1.89	—	0.032 0.29	—	0.000 0.02	—	0.002** 2.51	—
Cinterlock	—	0.248*** 3.98	—	0.245*** 3.09	—	0.000 0.28	—	0.000 0.24
SIZE	0.121*** 12.34	0.123*** 12.50	0.076*** 6.48	0.078*** 6.59	0.0*** -7.05	0.0*** -7.04	-0.000*** -4.76	-0.000*** -4.62
ROA	-0.505 (-1.53)	-0.522 (-1.58)	-0.083 -0.24	-0.177 -0.49	0.0*** -4.60	0.0*** -4.61	-0.006** -2.19	-0.007** -2.26
LOSS	-0.145** (-2.05)	-0.126* (-1.78)	-0.093 -1.21	-0.051 -0.64	-0.00 -0.90	-0.000 -0.89	0.003*** 4.46	0.003*** 4.56

续表

VARIABLES	(1) Lnpatent (目标)	(2) Lnpatent (目标)	(3) Lnpatent (联结)	(4) Lnpatent (联结)	(5) RD (目标)	(6) RD (目标)	(7) RD (联结)	(8) RD (联结)
LEV	-0.190* (-1.69)	-0.221* (-1.96)	-0.001 -0.01	-0.018 -0.14	0.002** 2.32	0.002** 2.30	0.000 0.34	0.000 0.22
STATE	-0.16*** (-3.70)	-0.17*** (-3.91)	0.030 0.60	0.027 0.55	-0.2*** -3.72	-0.2*** -3.91	-0.001* -1.87	0.030 0.60
OUTSIDE_DIRECTOR	2.428*** (6.26)	2.349*** (6.06)	-0.293 -0.68	-0.310 -0.71	0.001 0.43	0.001 0.41	0.008** 2.35	0.008** 2.26
M_SHARE	0.057*** (14.53)	0.058*** (14.62)	0.015*** 3.36	0.019*** 4.13	0.00*** 5.32	0.00*** 5.31	0.000*** 3.16	0.000*** 3.23
DUAL	0.206*** (3.65)	0.220*** (3.88)	-0.01 -0.14	0.024 0.31	-0.00** -2.50	-0.00** -2.47	-0.002*** -3.56	-0.002*** -3.58
Observations	4858	4856	2237	2128	4453	4452	2105	2015
R^2	0.224	0.226	0.101	0.110	0.054	0.054	0.088	0.090
p-value	0	0	0	0	0	0	0	0

注：***表示 $p<0.01$，**表示 $p<0.05$，*表示 $p<0.1$。

同一控制与非同一控制：由于高管社会关系网络是通过上市公司高管在其他公司中兼任职位形成的，前面的分析中，没有区分同一控制是否会对社会关系网络产生影响。尤其是在探讨对企业创新的影响时，同一控制下的企业其对于企业创新的决策可能趋于一致，因此，本书对高管通过在股东单位兼任职位所形成的社会关系网络与在非股东单位兼任职位所形成的社会关系网络对企业创新的影响分别做了实证分析，结果如表4-7所示。在股东单位兼任职位所形成的高管社会关系网络对企业创新产出与投入的影响均与在非股东单位兼任所形成的高管社会关系网络相同，实证研究表明无论是同一控制下还是非同一控制下的高管社会关系网络对企业创新投入及产出的影响并没有显著的差异。

表4-7 高管社会关系网络与企业创新（股东与非股东）

VARIABLES	(1) Lnpatent 股东	(2) Lnpatent 非股东	(3) RD 股东	(4) RD 非股东
Cinterlock	0.442***	0.353***	-0.000	0.000
	(3.63)	(4.82)	(-0.26)	(0.67)
SIZE	0.134***	0.114***	-0.000***	-0.000***
	(7.12)	(11.93)	(-3.37)	(-7.17)
ROA	-2.484***	0.193	-0.016***	-0.007***
	(-3.90)	(0.61)	(-3.91)	(-3.80)
LOSS	-0.411***	-0.096	0.001	0.001
	(-3.19)	(-1.43)	(1.53)	(1.55)
LEV	-0.016	-0.151	-0.000	0.002**
	(-0.08)	(-1.42)	(-0.28)	(2.57)
STATE	-0.128*	-0.123***	-0.002***	-0.003
	(-1.84)	(-2.78)	(-4.34)	(-1.40)
DUAL	0.595***	0.212***	-0.001***	-0.001***
	(5.88)	(3.72)	(-4.03)	(-3.25)
OUTSIDE_DIRECTOR	1.917***	1.403***	0.001	0.004*
	(2.62)	(3.84)	(0.25)	(1.84)
M_SHARE	0.051***	0.044***	0.000***	0.000***
	(7.81)	(11.36)	(4.18)	(5.00)
Observations	1581	4886	1575	4871
R^2	0.214	0.173	0.074	0.063
p-value	0	0	0	0

注：***表示$p<0.01$，**表示$p<0.05$，*表示$p<0.1$。

董事网络与非董事网络：上市公司的高管在其他公司中兼任时，可以将高管职位分为董事会成员与非董事会成员，一般情况下，董事会成员会对公司的经营、治理决策发挥重要的影响作用。对于企业创新而言，高管社会关系网络对企业创新产生的影响在前文已经验证，同时董事会成员毋庸置疑会对公司的创新决策产生影响，因此，本书将对高管社会关系网络中的董事网络与非董事网络对企业创新的影响作用进行分析,结果如表4-8所示。高管社会关系网络中董事网络对企业创新产出有显著的正向影响作用,而非董事网络则对企业创新产出的影响不显著;董事网络对企业创新投入的影响为正,但并不显著,而非董事网络对企业创新投入产生负向的影响,但并不显著。总体而言,高管社会关系网络对企业创新的影响,会因为高管是否在董事会中有席位而产生差异。

表4-8 高管社会关系网络与企业创新(董事网络与非董事网络)

VARIABLES	(1) Lnpatent 董事网络	(2) Lnpatent 非董事网络	(3) RD 董事网络	(4) RD 非董事网络
Cinterlock	0.440*** 6.03	0.145 1.17	0.000 (0.74)	0.000 0.11
SIZE	0.109*** (11.79)	0.171*** (8.30)	-0.000*** (-7.19)	-0.000*** (-3.65)
ROA	0.169 (0.55)	-2.245*** (-3.46)	-0.009** (-4.59)	-0.010** (-2.55)
LOSS	-0.109* (-1.70)	-0.436*** (-2.76)	0.000 (1.27)	0.002* (1.76)
LEV	-0.182* (-1.78)	0.318 (1.38)	0.002** (2.64)	-0.002 (-1.19)
STATE	-0.052 (-1.26)	-0.419*** (-4.94)	-0.001** (-2.42)	-0.001*** (-2.66)
DUAL	0.293*** (5.42)	0.234* (1.93)	-0.001*** (-3.47)	-0.001 (-1.49)
OUTSIDE_DIRECTOR	1.187*** (3.36)	3.011*** (3.74)	0.003 (1.57)	-0.001 (-1.47)
M_SHARE	0.044*** (12.08)	0.050*** (6.30)	0.000*** (6.08)	0.001* (1.76)
Observations	5405	1062	5389	1057
R^2	0.172	0.255	0.055	0.112
p-value	0	0	0	0

注:***表示p<0.01,**表示p<0.05,*表示p<0.1。

管理层网络与非管理层网络：上市公司的高管可以分为董事会成员（董事、独立董事、执行董事等）以及管理层（董事长、总经理、副总经理、财务总监等），进而本书将高管社会关系网络分为管理层社会关系网络与非管理层社会关系网络。由于管理层负责公司日常经营管理活动，其对企业创新有着至关重要的影响。因此，本书对管理层所形成的社会关系网络与非管理层社会关系网络对企业创新的影响进行分析，实证研究结果如表4-9所示。高管社会关系网络中由管理层高管建立的社会关系网络对企业创新产出在1%的水平上呈显著的正向作用，对企业创新投入为正向影响但并不显著；由非管理层高管建立的社会关系网络对企业创新产出的影响显著为正，对企业创新投入虽为正向的影响但结果并不显著。总体而言，高管社会关系网络成员的职位属性不同，其在管理活动中的角色不同，对企业创新投入和产出的影响也存在一定的差异。

表4-9 高管社会关系网络与企业创新（管理层网络与非管理层网络）

VARIABLES	(1) Lnpatent 管理层网络	(2) Lnpatent 非管理层网络	(3) RD 管理层网络	(4) RD 非管理层网络
Cinterlock	0.353**	0.368***	0.001	0.000
	2.09	5.44	(0.86)	0.45
SIZE	0.149***	0.116***	-0.000	-0.000***
	(5.48)	(12.96)	(-0.19)	(-8.04)
ROA	-0.534	-0.247	-0.011***	-0.009***
	(-0.60)	(-0.83)	(-2.84)	(-4.71)
LOSS	-0.031	-0.161***	-0.001	0.001**
	(-0.24)	(-2.60)	(-1.22)	(2.05)
LEV	0.125	-0.160	-0.000	0.001**
	(0.40)	(-1.62)	(-0.47)	(2.38)
STATE	-0.257**	-0.098**	-0.001	-0.001***
	(-2.20)	(-2.48)	(-1.30)	(-2.89)

续表

VARIABLES	(1) Lnpatent 管理层网络	(2) Lnpatent 非管理层网络	(3) RD 管理层网络	(4) RD 非管理层网络
DUAL	0.330**	0.275***	−0.001	−0.001***
	(2.28)	(5.19)	(−1.20)	(−3.43)
OUTSIDE_DIRECTOR	3.293***	1.300***	0.004	0.003
	(3.16)	(3.80)	(0.92)	(1.47)
M_SHARE	0.060***	0.044***	−0.000	0.000***
	(5.42)	(12.47)	(−1.06)	(6.80)
Observations	641	5826	640	5806
R^2	0.262	0.171	0.014	0.063
p−value	0	0	0	0

注：*** 表示 $p<0.01$，** 表示 $p<0.05$，* 表示 $p<0.1$。

第五节 稳健性检验

一、企业创新产出滞后变量

将影响企业创新产出的代理变量替换为滞后 1 期、滞后 2 期的变量。由于企业的专利申请具有滞后性，当期的申请很可能是前期的积累，因此，考虑到上述因素，我们将模型中的解释变量以及控制变量滞后 1 期及滞后 2 期作为替代变量，检验了高管社会关系网络对企业创新的影响，实证结果如表 4−10 所示。通过结果的分析，Lnpatent 及 Patent 均与滞后 1 期及滞后 2 期的 Interlock 在 1% ~ 10% 的水平上呈显著正相关关系，这与前文中的回归结果一致，支持前文的结论。

表4-10 高管社会关系网络与企业创新(滞后变量)

VARIABLES	(1) Lnpatent (n=1)	(2) Lnpatent (n=1)	(3) Lnpatent (n=2)	(4) Lnpatent (n=2)
Interlock	0.230*** (3.37)		0.001*** (2.95)	
Cinterlock		0.366*** (6.22)		0.376*** (5.93)
SIZE	0.128*** (15.87)	0.112*** (12.44)	-0.000*** (-7.99)	0.096*** (10.23)
ROA	-0.235 (-0.89)	0.647 (1.53)	-0.006** (-4.97)	-0.969*** (-2.92)
LOSS	-0.160*** (-2.81)	-0.002 (-0.04)	0.001* (1.85)	-0.165** (-2.45)
LEV	-0.144* (-1.78)	-0.113 (-1.10)	0.003** (2.88)	-0.508** (-4.67)
STATE	-0.139*** (-3.74)	-0.019 (-0.48)	-0.001*** (-3.55)	0.149*** (3.46)
DUAL	0.232*** (4.99)	0.135*** (2.59)	-0.001*** (-3.86)	0.166*** (2.98)
OUTSIDE_DIRECTOR	1.578*** (5.09)	0.749** (2.19)	0.003* (1.79)	0.295 (0.80)
M_SHARE	0.023*** (13.97)	0.045*** (12.55)	0.000*** (5.88)	0.055*** (14.58)
Observations	5545	5545	4885	4885
R^2	0.164	0.165	0.162	0.161
p-value	0	0	0	0

注：***表示 $p<0.01$，**表示 $p<0.05$，*表示 $p<0.1$。

二、高管社会关系网络替换变量

本书使用了高管社会关系网络的程度中心度作为高管社会关系网络的代理变量，得到的实证检验结果如表4-11所示，总体而言，结论与前文所述一致。

表4-11 高管社会关系网络与企业创新

VARIABLES	(1) Lnpatent	(2) RD
Degree	0.002***	0.000***
	(7.05)	(3.03)
SIZE	0.124***	-0.000***
	(15.30)	(3.03)
ROA	-0.458*	-0.009***
	(-1.74)	(-5.36)
LOSS	-0.114***	0.001*
	(-2.01)	(1.84)
LEV	-0.219**	0.001**
	(-2.44)	(2.10)
STATE	-0.136***	-0.001***
	(-3.83)	(-3.38)
DUAL	0.228***	-0.001***
	(4.81)	(-3.85)
OUTSIDE_DIRECTOR	0.228***	0.004**
	(4.81)	(2.01)
M_SHARE	0.048***	0.000***
	(14.99)	(6.23)
Observations	6954	6446
R^2	0.192	0.063
p-value	0	0

注：***表示$p<0.01$，**表示$p<0.05$，*表示$p<0.1$。

第六节 小结

通过对高管社会关系网络、社会资本以及企业创新的相关研究的梳理与分析，建立了高管社会关系网络影响企业创新的理论体系。高管通过在其他公司中兼任职位所建立的关系网络中，蕴含丰富的社会资本。通过以往的研究，企业创新水平的提高，社会资本可以带来事半功倍的效果。影响企业创新的四个重要的因素：人力、资本、技术以及环境。公司可以通过关系网络中的社会资本获得创新所需要的人力资源、技术资源以及资金资源。此外，高管社会关系网络还为企业提供了能获取所需资源的渠道。综上所述，高管社会关系网络能够促进企业创新的提高。本书以 2007～2018 年的上市公司数据为研究样本，检验了高管社会关系网络对企业创新的影响，并分析了高管社会关系网络对目标企业以及联结企业的创新的影响。首先，通过实证研究，我们发现高管社会关系网络显著地促进了企业创新，这说明高管社会关系网络中所镶嵌的可获得的各项资源以及网络本身具备的学习效应促进了企业创新。其次，本书依据组织学习理论与镶嵌理论，通过实证研究发现，具有高管社会关系网络的企业其创新水平得到显著提升。此外，当我们把样本分为目标公司与联结公司后，实证结果表明，联结公司的创新水平显著提升。处于高管社会关系网络中的企业，尤其是创新水平较高的企业，其成功经验会成为网络中其他联结企业的学习内容，通过沟通与交流，提高了联结企业的创新水平。再次，通过对实证研究结果的分析，目标公司的创新水平也受到了高管社会关系网络的显著的促进提高，该结果说明了企业在与同行业或其他的行业（包括上下游企业）的企业建立关系网络，能够获得规避风险、获得创新的想法、降低研发成本、获得创新平台等方面获得包括人力、物力以及资金等方面的支持，这不仅提高了联结公司的创新水平，而且也提高了目标公司的创新水平，还达到了"双赢"。最后，本书将高管社会关系网络进一步分为了同一控制下与非同一控制下的高管社会关系网络、董事网络与非董事网络、管理层网络与非管理网络，并对每一种类型的高管社会关系网络进行了实证分析，结果发现对于同一控制与非同一控制的高管社会关系网络，其对企业创新产出均为显著正向影响，而对企业创新投入则没有显著的作用；对于企业创新产出，董事网络与非董事网络的影响作用有显著的差异，董事网络显著正向影响企业创新产出，而非董事网络的影响则不显著，对于企业创新投入而言，二者均没有显著的作用；对于管理层网络与非管理层网络而言，二者对企业创新产出表现为显著正向影响，而对企业创新投入则没有显著的作用。

第五章 地区法律环境、高管社会关系网络与企业创新

第一节 概述

党的十八大以来,中央做出了创新驱动发展战略部署,至今我国仍处于创新驱动转型的关键时期。社会经济的发展取决于创新的效率,因此,研究企业创新的影响因素十分必要。企业创新往往是通过内部研发模式发展,但当其无法满足技术变革需求时,组织间的合作创新进入了企业的视域。企业可以通过多种方式与其他企业建立组织间的网络关系,以促进本企业的创新发展。林南(2001)认为社会资本可以为企业或个人带来各项资源,与具有该项资源的企业或个人产生关联是获取资源非常重要的节点。社会网络理论认为在一个正式制度约束(如法律规则)比较弱的环境下,非正式的约束(如镶嵌在管理者人际关系间的关系)可能在促进经济交换上扮演着重要的角色,从而对企业的表现产生明显的影响。因此,本书将探索高管社会关系网络对法律环境影响企业创新过程中的调节作用,同时考虑由具有律师专业背景的高管与非律师专业背景的高管所建立的社会关系网络在上述调节作用中的差异。

第二节 文献综述与研究假设

一、法律环境与企业创新

我国地域广袤引致各个地区经济发展水平、法律环境等影响企业经营与发展的外部环境均有很大差异。企业创新投入并不与创新产出呈正相关，除了其自身的不确定性因素，导致创新水平差异的重要原因之一就在于企业所处地区的法律环境。学界对企业创新影响因素方面的研究表明，法律环境及知识产权的保护程度对企业创新有非常重要的影响（Beck 等，2005；Ang 等，2014；Hsu 等，2014）。一些学者通过研究发现知识产权保护力度较高的地区，往往伴随较高的企业创新，例如，Ang 等（2014）通过对我国 28 个省份地区的高科技企业的研究，发现地区知识产权保护的执行力与企业获得新的外部融资有直接关系，企业的创新投入更高，获得更多的创新成果与利润。不言而喻，一个地区其对知识产权保护程度越高，意味着企业享有创新成果的权利得到了有效的保障，进而刺激企业的创新意愿以及投入，提高企业创新成果转化的程度。LaPorta 等（1998）指出，除了法律的书面条款，法律的执行效率同样重要。因此，要提高企业的知识产权保护水平，除了完善的书面条款，还需要高效的知识产权执行水平。鲁桐和党印（2015）通过国家层面的研究视角，证明了法律环境越好的地区，企业创新投入以及企业研发人员的比例也越高，企业创新产出效率也越高。

企业创新本身具有高风险的特征，其影响因素众多，所以当企业所处地区法律环境好的时候，说明该地区对企业的创新产出保护程度较高，企业创新的利益能得到有效保障，从而增加企业的创新意愿与创新投入，进而表现为较高的以专利形式表示的企业创新产出水平。相反，当企业所处地区法律环境较差时，说明该地区对企业的创新产出的保护程度弱,企业的利益很可能受到侵权等行为的影响。当企业的权利保障较差时,企业不愿意将资金和人力资本投入创新中,而更愿意投入其他的生产经营环节中,这时企业创新产出水平将会降低。基于以上分析,本章提出以下假设:

假设5-1:法律环境对企业创新有显著的抑制作用,法律环境越差,企业创新水平越低。

二、高管社会关系网络与企业创新

近年来,学界从获取关系网络中承载资源的视角发现高管社会关系网络(董事网络、连锁董事等)也对企业创新具有一定的影响。一些学者分析了高管政治关联对企业创新的影响。袁建国等(2015)认为,政治关联显著阻碍了企业创新发展。潘红波和张睿(2016)发现上市公司独立董事的政治关联有效提高了民营企业的创新水平,并指出具有政治关联的独立董事是知识产权保护的一种有效的替代机制。Faleye等(2014)发现关系网络越丰富的CEO,其对新知识的识别、评估以及研究能力越高,从而提高了其任职企业的创新投入和创新产出。Bernini等(2014)以英国公司为研究样本,探究了连锁董事对企业创新的影响,发现连锁董事显著提高了企业专利申请成功率。此外,作者指出在建立连锁关系的初期,连锁企业间更容易模仿及引用彼此的专利技术。钱锡红等(2010)和严若森等(2018)认为企业所处的网络位置越中心,其创新绩效越高,具有间接联系的企业也可以通过网络提升创新绩效,企业拥有的结构洞越多,其可提升的创新绩效幅度越高。朱丽等(2017)认为处于不同行业的公司所建立的连接关系,有效促进企业创新绩效的提升。王营和张光利(2018)从引资与引智的角度研究了民营企业的董事网络对企业创新的影响,发现董事网络显著提高了民营企业的创新水平。由于高管社会关系网络的镶嵌效应、社会资本效应以及信息传递效应,使处于网络关系中的成员(高管以及企业)能够及时获得所需的各项资源,这包括了镶嵌在网络中的"知识"、获取的"渠道"。对于处于法律环境好的地区的企业,其创新产出的保障程度高,那么处于网络关系中的成员,可以通过网络获取提高企业创新的其他知识,例如在技术方面的突破等,进而提高企业创新水平。另外,处于法律环境差的地区的企业,如果其所处的高管社会关系网络镶嵌着有利于提高创新产出保障的知识,例如,利用某些技术壁垒,使其他企业侵权成本高于侵权收益,可以有效抑制侵权;那么该企业的高管通过网络中的"渠道"获取该项知识,进而用于保护本企业创新产出。基于以上分析,本章提出以下假设:

假设5-2:高管社会关系网络在法律环境影响企业创新路径中有正向的调节作用。

正如前文所述,企业所处地区法律环境的优劣,影响着企业从网络关系中获取的知识类型。对于法律环境好的地区的企业,其所需知识可能更多的是关于企业创新内容方面,而对于法律环境差的地区的企业,其亟须的知识是关于企业创新保障内容。律师具有法律相关的知识背景,同时对企业的创新产出的保障方法也更有发言权。因此,我们认为如果高管社会关系网络中有具有律师专业背景的高管成员,那么其对于上述高管社会关系网络在法律环境与企业创新的调节作用更加显著。而由非律师专业背景高管建立的社会关系网络则在上述调节作用中的表现不明显。基于以上分析,本章提出以下假设:

假设5-3:与非律师专业背景的高管社会关系网络相比,具有律师专业背景的高管建立的社会关系网络在影响企业创新路径中正向调节作用更加明显。

第三节 研究设计

一、研究样本与数据来源

本书选取2007~2018年沪深A股上市公司的数据作为样本,本书的数据来

第五章 地区法律环境、高管社会关系网络与企业创新

源于国泰安数据库（CSMAR）、万德数据库（WIND）以及新浪财经网。具体内容见第三章。

二、变量定义

本章对高管社会关系网络、企业创新的定义与度量和前文一致，具体内容见第三章。

（1）法律环境。

在选取法律环境的代理变量时，本书借鉴柯东昌和李连华（2020）的做法，使用王小鲁等（2016）《中国分省份市场化指数报告》中所提供的数据，构建各省市的法律环境指数。具体内容见第三章。

（2）控制变量。

本章内容中所涉及的控制变量与第四章内容一致，在模型中控制了可能影响企业创新的其他因素，具体包括企业规模、财务杠杆、资产收益率、独立董事比例、管理层持股、亏损、企业性质等，具体内容请见第四章。

表 5–1 变量定义表

变量名称	符号	变量定义
企业创新	Lnpatent	第 t 年专利申请数量与 1 之和取自然对数
	RD	第 t 年企业研发支出占销售收入的比例
高管社会关系网络	Interlock	虚拟变量，当高管存在社会关系网络时，取值为 1，当高管不存在社会关系网络时，取值为 0
	C–Interlock	每个公司高管社会关系网络的数量占高管数量的比例
	Degree	程度中心度，计算方法如前文所述
法律环境	Lawoooro	《市场化分省份报告》中"市场中介组织发育和法律制度环境"指数
专利保护	Protect	每年侵权立案案件数量占每年专利申请数量的比例

三、模型构建

本书拟使用模型（1）检验法律环境对企业创新的影响，通过模型（2）检

验高管社会关系网络在法律环境对企业创新的影响机制中发挥的调节作用。此外，由于企业创新产出具有滞后性，因此本书于稳健性检验中将被解释变量替换为滞后 1 期、滞后 2 期的变量。

$$Lnpatent_{i,t}/RD_{i,t} = \alpha_0 + \alpha_1 Lawscore_{i,t} + \alpha_2 SIZE_{i,t} + \alpha_3 ROA_{i,t} + \alpha_4 LOSS_{i,t} +$$
$$\alpha_5 LEV_{i,t} + \alpha_6 STATE_{i,t} + \alpha_7 SHARE_{i,t} + \alpha_8 DUAL_{i,t} +$$
$$\alpha_9 OUTSIDE\_DIRECTOR_{i,t} + \varepsilon_{i,t} \quad (5-1)$$

$$Lnpatent_{i,t}/RD_{i,t} = \alpha_0 + \alpha_1 Lawscore_{i,t} + \alpha_2 Lawscore_{i,t} \times Cinterlock_{i,t} + \alpha_3 Cinterlock_{i,t} +$$
$$\alpha_4 SIZE_{i,t} + \alpha_5 ROA_{i,t} + \alpha_6 LOSS_{i,t} + \alpha_7 LEV_{i,t} + \alpha_8 STATE_{i,t} +$$
$$\alpha_9 SHARE_{i,t} + \alpha_{10} DUAL_{i,t} + \alpha_{11} OUTSIDE\_DIRECTOR_{i,t} + \varepsilon_{i,t}$$
$$(5-2)$$

第四节 实证研究结果分析

一、描述性统计

表 5 - 2 中报告的是各变量的描述性统计结果，表明样本企业中申报专利（Patent）数量的均值为 89.033 项，其中申请数量最多为 1312 项，最小为 2 项。RD 表明公司研发支出占销售收入比例的均值为 0.2%，最大值为 7.18%，最小值为 0。Interlock 的结果表明上市公司中平均有 98.5% 的公司都存在高管社会关系网络。其中，每个公司的高管社会关系网络的数量（Cinterlock）的均值为 5.025，最小值为 1，最大值为 23；每个公司高管社会关系网络数量占高管总人数比例（C – Interlock）的均值为 54.3%，以上数据表明高管社会关系网络已经成为上市公司普遍存在的现象。高管社会关系网络的程度中心度的均值为 57.589，最小值为 2.50，最大值为 833.519。Lawscore 的均值为 6.445，最大值

为 16.190，最小值为 1.410。Protect 的均值为 21%，表明侵权立案数量占专利申请数量比例的均值为 21%。关于高管持股数量（M_SHARE）的数据表明，上市公司高管持股的均值为 3761287 股，最小值为 0 股，最大值为 655000000 股。

表 5-2 描述性统计

变量	N	均值	最小值	最大值	中位数
Patent	5180	89.033	2.000	1312.000	18.000
Lnpatent	5180	3.141	1.099	7.180	2.944
RD	4706	0.002	0.000	0.062	0.000
Interlock	5180	0.985	0.000	1.000	1.000
C_interlock	5180	5.025	1.000	23.000	5.000
Cinterlock	5180	0.543	0.067	3.000	0.444
Degree	5180	57.589	2.500	833.519	37.750
Lawscore	5180	6.445	1.410	16.190	5.170
Protect-register	5180	0.210	0.000	10.500	0.000
SIZE	5180	22.335	18.903	26.660	22.180
LEV	5180	0.508	0.006	1.140	0.518
LOSS	5180	0.130	0.000	1.000	0.00
ROA	5180	0.049	-0.229	0.459	0.033
STATE	5180	0.360	0.000	1.000	0.00
OUTSIEDE_DIRECTOR	5180	0.367	0.300	0.571	0.333
DUAL	5180	0.157	0.000	1.000	0.00
M_SHARE	5180	3761287	0.000	655000000	25351.500

二、相关性分析

表 5-3 中报告的是主要变量的相关系数，结果表明企业创新与高管社会关系网络在 1% 的水平显著正相关，说明高管社会关系网络能够显著促进企业创新水平的提高，二者之间具有显著的正相关关系，该相关性分析结果支持假设 5-1。

表 5-3 主要变量相关系数

	lnpatent	RD	CInterlock	Degree	Closeness	Betweenness	lawscore
lnpatent	1.000	0.072***	0.060***	0.082***	0.150***	0.025***	0.165***
RD	0.059***	1.000	0.010	0.012	0.010	-0.040	0.026*
CInterlock	-0.04***	-0.011	1.000	0.808***	0.341***	0.478***	0.175***
Degree	-0.06***	-0.006	0.882***	1.000	0.561***	0.711***	0.219***
Closeness	0.155***	0.078***	0.247***	0.221***	1.000	0.605***	0.278***
Betweenness	-0.003	0.047***	0.464***	0.476***	0.455***	1.000	0.118***
lawscore	0.163***	0.126***	0.147***	0.144***	0.265***	0.127***	1.000

注：***、**和*分别表示在1%、5%和10%的水平上显著，左下角为Pearson相关系数，右上角为Spearman相关系数。

三、单变量差异分析

表5-4的结果是分别对处于法律环境较好地区的企业以及处于法律环境较差地区企业的企业创新的均值进行了T检验和Z检验，发现二者具有显著差异，表明所处地区法律环境较好的公司与所处地区法律环境较差的公司间的企业创新具有显著的差异，也即法律环境对企业创新具有显著影响。

表 5-4 单变量检验

变量		法律环境优样本组		法律环境劣样本组		T检验	Z检验
		均值	标准差	均值	标准差		
企业创新	Lnpatent	2.934	1.41	3.376	1.557	-10.67***	-10.49***
	RD	0.003	0.001	0.001	0.007	-5.32***	-5.034***

四、实证检验

（1）法律环境与企业创新。

表5-5中第（2）栏、第（5）栏的结果表明，企业所处地区的法律环境与

企业创新投入（RD）在5%的水平上呈显著正相关关系，与企业创新产出（Lnpatent）在1%的水平上呈显著正相关关系，表明法律环境能够显著促进企业对创新的投入，同时对企业创新的产出也有促进的作用，该结果支持假设1，验证了企业所处地区的法律环境优劣对企业创新的影响。

（2）高管社会关系网络与企业创新。

表5-5中第（1）栏、第（4）栏中的实证检验结果表明，高管社会关系网络对企业创新投入（RD）在1%的水平上呈显著正相关关系，对企业创新产出（Lnpaten）在1%的水平上呈显著正相关关系，表明高管社会关系网络能够提升企业创新的水平，验证了高管社会关系网络中镶嵌着的资源能够显著提升企业的创新水平，该结论与已有的研究结论一致（王营和张光利，2019）。

（3）高管社会关系网络对法律环境与企业创新的影响中的调节作用。

表5-5中第（3）栏、第（6）栏中的结果是高管社会关系网络在法律环境影响企业创新投入及产出时的调节作用，交互项（Cinterlock×Lawscore）的结果表明高管社会关系网络能够显著强化法律环境对企业创新的影响，也即高管社会关系网络发挥了正向的调节作用，该结果支持假设5-2。

表5-5 法律环境、高管社会关系网络与企业创新

VARIABLES	(1) RD	(2) RD	(3) RD	(4) Lnpatent	(5) Lnpatent	(6) Lnpatent
Cinterlock	0.001** (2.10)		0.001 (1.32)	0.247*** (4.21)		0.127** (2.23)
Lawscore		0.000*** (11.10)	0.000*** (11.02)		0.100*** (18.83)	0.010*** (18.70)
Cinterlock × Lawscore			0.000*** (3.21)			0.086*** (4.58)
SIZE	-0.000*** (-4.84)	-0.000*** (-4.84)	-0.000*** (-4.82)	0.101*** (12.65)	0.095*** (12.35)	0.097*** (12.56)
ROA	-0.008*** (-4.37)	-0.006*** (-3.43)	-0.006*** (-3.31)	-0.403 (-1.37)	0.133 (0.46)	0.168 (0.59)

续表

VARIABLES	(1)	(2)	(3)	(4)	(5)	(6)
	RD	RD	RD	Lnpatent	Lnpatent	Lnpatent
LOSS	0.001***	0.002***	0.002***	-0.098	-0.046	-0.037
	(3.35)	(3.83)	(3.88)	(-1.48)	(-0.72)	(-0.58)
LEV	0.000	0.000	0.001	0.025	0.230**	0.174*
	(0.57)	(0.57)	(1.52)	(0.23)	(2.24)	(1.69)
STATE	-0.001***	-0.001***	-0.001***	-2.05***	-0.115***	-0.101***
	(-5.59)	(-5.59)	(-3.81)	(-5.07)	(-2.91)	(-2.55)
DUAL	-0.001***	-0.001***	-0.001***	0.289***	0.280***	0.293***
	(-2.72)	(-2.82)	(-2.66)	(5.34)	(5.36)	(5.61)
OUTSIDE_DIRECTOR	0.011***	0.012***	0.011***	0.730***	0.929***	0.829***
	(5.39)	(5.98)	(5.69)	(2.28)	(3.00)	(2.68)
M_SHARE	0.000***	0.000***	0.000***	0.044***	0.039***	0.040***
	(7.38)	(6.98)	(7.05)	(11.68)	(10.90)	(11.16)
Observations	4706	4706	4706	5180	5180	5180
R^2	0.09	0.112	0.115	0.849	0.859	0.859
p-value	0	0		0		

注：***表示 $p<0.01$，**表示 $p<0.05$，*表示 $p<0.1$。

(4) 进一步分析。

企业所处地区法律环境的优劣，影响着企业从高管社会关系网络中获取的知识类型。对于法律环境好的地区的企业，其所需知识可能更多的是关于企业创新内容方面，而对于法律环境差的地区的企业，其急需的知识是关于企业创新保障内容。如果高管社会关系网络的成员具有律师专业背景，那么处于该成员所在的网络中的企业成员，如果其所处地区的法律环境较差时，则高管社会关系网络对法律环境影响企业创新的调节作用将更加显著。表5-6中的结果是高管社会关系网络、法律环境与企业创新投入之间的关系，第（1）~（2）栏中是由具有律师背景的高管建立的社会关系网络对企业创新投入及其调节作用的结果，第（3）~（4）栏中则是由非律师背景的高管建立的社会关系网络对企业创新投入

第五章 地区法律环境、高管社会关系网络与企业创新

及其调节作用的结果。通过对第（1）栏及第（3）栏的结果对比发现，具有律师背景的高管社会关系网络对企业创新投入的影响不显著，而非律师背景的高管社会关系网络对企业创新投入则呈显著的正相关关系（0.001*，2.14）。第（2）栏及第（4）栏的结果表明了不同职业背景的高管社会关系网络对法律环境影响企业创新的调节作用，结果表明，无论是律师背景还是非律师背景的高管建立的社会关系网络，均在1%~10%的水平上显著增强了法律环境对企业创新投入的正向影响，起到了正向的调节作用，相对非律师背景的高管社会关系网络（0.000***，10.08）而言，律师背景的高管社会关系网络对法律环境影响企业创新投入的调节作用较弱（0.001*，1.91）。

表5-6 法律环境、高管社会关系网络与企业创新投入（律师与非律师）

VARIABLES	(1) RD (律师)	(2) RD (律师)	(3) RD (非律师)	(4) RD (非律师)
Cinterlock	0.001 (0.35)	-0.001 (-0.54)	0.001** (2.14)	0.001 (1.46)
Lawscore		0.001*** (4.41)		0.000*** (10.08)
Cinterlock × Lawscore		0.001* (1.91)		0.000*** (2.84)
SIZE	-0.000*** (-4.16)	-0.000*** (-7.94)	-0.000*** (-2.80)	-0.000*** (-3.41)
ROA	-0.011 (-1.35)	-0.009*** (-5.10)	-0.008*** (-4.18)	-0.006*** (-3.22)
LOSS	0.003* (1.73)	0.001* (1.91)	0.001*** (2.85)	0.001*** (3.32)
LEV	0.001 (0.21)	0.001** (2.10)	0.000 (0.54)	0.001 (1.49)
STATE	-0.002 (-1.64)	-0.001*** (-3.21)	-0.001*** (5.48)	-0.001*** (-3.80)

续表

VARIABLES	(1) RD (律师)	(2) RD (律师)	(3) RD (非律师)	(4) RD (非律师)
DUAL	-0.001 (-0.80)	-0.001*** (-3.97)	-0.001*** (-2.80)	-0.001*** (-2.75)
OUTSIDE_DIRECTOR	0.025*** (2.82)	0.003* (1.74)	0.009*** (4.52)	0.010*** (4.80)
M_SHARE	0.000*** (2.87)	0.000*** (6.44)	0.000*** (6.85)	0.000*** (6.43)
Observations	332	332	4374	4374
R^2	0.209	0.260	0.083	0.106
p-value	0	0	0	0

注：***表示 p<0.01，**表示 p<0.05，*表示 p<0.1。

表5-7中的结果是高管社会关系网络、法律环境与企业创新产出之间的关系，第（1）栏~第（2）栏中是由具有律师背景的高管建立的社会关系网络对企业创新产出及其调节作用的结果，第（3）栏~第（4）栏中则是由非律师背景的高管建立的社会关系网络对企业创新产出及其调节作用的结果。通过第（1）栏及第（3）栏的结果可以看出，对于企业创新产出而言，律师背景与非律师背景高管社会关系网络对企业创新产出均呈现显著正向的影响（0.532**，0.226***）。从第（2）栏及第（4）栏的结果来看不同专业背景高管社会关系网络在法律环境影响企业创新产出的调节作用具有差异，结果表明具有律师专业背景的高管社会关系网络的调节作用并不显著（0.062，0.345），这表明具有法律背景的高管社会关系网络，在法律环境对企业创新的正向调节作用降低，意味着法律背景的高管社会关系网络降低了法律环境对企业创新的影响程度。而对于非律师背景的高管社会关系网络来说，其在法律环境与企业创新之间的调节作用显著（0.087***，4.48），表明非律师背景的高管社会关系网络强化了法律环境对

企业创新的影响,并没有降低或弱化法律环境对企业创新的影响。

表5-7 法律环境、高管社会关系网络与企业创新产出(律师与非律师)

VARIABLES	(1) Lnpatent (律师)	(2) Lnpatent (律师)	(3) Lnpatent (非律师)	(4) Lnpatent (非律师)
Cinterlock	0.532**	0.345	0.226***	0.110*
	(2.15)	(1.39)	(3.74)	(1.87)
Lawscore		0.096***		0.101***
		(4.83)		(18.15)
Cinterlock * Lawscore		0.062		0.087***
		(0.345)		(4.48)
SIZE	0.087***	0.084***	0.101***	0.096***
	(2.90)	(2.88)	(12.14)	(11.97)
ROA	0.775	1.518	-0.479	0.082
	(0.74)	(1.47)	(-1.55)	(0.27)
LOSS	0.069	0.141	-0.119*	-0.060
	(0.28)	(0.60)	(-1.73)	(-0.90)
LEV	-0.467	-0.392	0.068	0.232**
	(-1.23)	(-1.04)	(0.62)	(2.15)
STATE	-0.298*	-0.249	-0.200***	-0.091**
	(-1.83)	(-1.57)	(-4.77)	(-2.23)
DUAL	-0.020	-0.014	0.321***	0.324***
	(-0.10)	(-0.07)	(5.69)	(5.95)
OUTSIDE_DIRECTOR	1.508	1.754	0.611*	0.712**
	(1.27)	(1.52)	(1.82)	(2.20)
M_SHARE	0.064***	0.068***	0.042***	0.038***
	(4.27)	(4.62)	(10.97)	(10.26)
Observations	361	361	4819	4819
R^2	0.845	0.855	0.850	0.860
p-value	0	0	0	0

注:***表示 $p<0.01$,**表示 $p<0.05$,*表示 $p<0.1$。

通过进一步的分析,我们发现由具有不同职业背景的高管建立的高管社会关系网络,其在发挥法律环境影响企业创新投入的差异并不显著,但其在发挥法律环境影响企业创新产出的调节作用存在显著的差异。这可能是由于本书选取的企业创新投入的代理变量主要是指企业研发投入占销售收入的比例,而企业研发投入的影响因素众多,法律环境优劣对其存在影响,但不是主要影响管理者做出研发投入决策的主要因素;而企业创新产出,本书选取的代理变量主要是关于企业专利申请数量的相关指标,企业所处地区法律环境优劣对企业专利的影响至关重要,所以在考虑到律师背景等因素时,可能对企业创新投入影响不大,而对企业创新产出的影响较大。实证检验的结果表明,具有律师专业背景的高管社会关系网络能够显著降低法律环境对企业创新产出的影响,而非律师专业背景的高管社会关系网络则显示出显著强化法律环境对企业创新产出的影响,支持假设5-3。究其原因,可能是具有律师背景的高管社会关系网络其蕴含着的法律知识或信息相关的资源能够显著降低法律环境对企业创新产出的影响,主要是对专利的影响;而非律师背景的高管社会关系网络则不具备法律等相关资源,因此无法降低法律环境对企业创新的影响,反而强化了其对企业创新产出的影响程度。

第五节 稳健性检验

一、企业创新产出滞后变量

由于本书使用专利作为企业创新产出的代理变量,往往专利的申请具有滞后性,因此在稳健性检验中,本书使用企业创新产出的滞后1期及滞后2期作为替换变量,重新对前文的结果进行检验,相关结果如表5-8所示。表5-8中第(1)~(3)栏中是企业创新产出滞后1期的实证检验结果,第(4)~(6)栏中是企业创新产出滞后2期的实证检验结果。通过表中的数据,可以发现无论是滞后1期还是滞后2期,高管社会关系网络与企业创新产出呈显著正相关关系,与前文结论一致,法律环境与企业创新产出呈显著正相关关系,也与前文结果一致。此外,高管社会关系网络在法律环境影响企业创新上发挥正向的调节作用。

表5-8 法律环境、高管社会关系网络与企业创新产出(滞后1期,滞后2期)

VARIABLES	(1) Lnpatent N=1	(2) Lnpatent N=1	(3) Lnpatent N=1	(4) Lnpatent N=2	(5) Lnpatent N=2	(6) Lnpatent N=2
Cinterlock	0.305*** (4.86)		0.176*** (2.81)	0.257*** (3.79)		0.139** (2.01)
Lawscore		0.082*** (15.31)	0.081*** (14.91)		0.073*** (12.78)	0.072*** (12.49)
Cinterlock × Lawscore			0.039* (1.87)			0.041* (1.88)
SIZE	0.093*** (11.01)	0.086*** (10.48)	0.081*** (14.91)	0.088*** (9.08)	0.080*** (9.08)	0.082*** (9.30)
ROA	0.588* (1.83)	0.983*** (3.13)	0.955*** (3.04)	-0.342 (-0.96)	0.115 (0.33)	0.101 (0.29)
LOSS	0.116* (1.69)	0.148** (2.20)	0.153** (2.28)	-0.070 (-0.96)	-0.039 (-0.54)	-0.033 (-0.46)
LEV	-0.014 (-0.13)	0.154 (1.41)	0.090 (0.81)	-0.347*** (-2.85)	-0.156 (-1.31)	-0.213* (-1.73)
STATE	-0.080* (-1.86)	-0.016 (-0.37)	-0.010 (-0.24)	0.087* (1.83)	0.148*** (3.17)	0.155*** (3.29)
DUAL	0.114** (2.04)	0.122** (2.24)	0.132** (2.42)	0.194*** (3.19)	0.204*** (3.43)	0.213*** (3.57)
OUTSIDE_DIRECTOR	0.617* (1.83)	0.918*** (2.79)	0.827** (2.51)	0.221 (0.60)	0.688* (1.92)	0.595* (1.65)
M_SHARE	0.040*** (10.12)	0.035*** (9.24)	0.037*** (9.61)	0.046*** (11.01)	0.043*** (10.43)	0.044*** (10.79)
Observations	4469	4469	4469	3867	3867	3867
R^2	0.864	0.870	0.871	0.851	0.857	0.857
p-value	0	0	0	0	0	0

注:***表示$p<0.01$,**表示$p<0.05$,*表示$p<0.1$。

对于律师与非律师背景高管社会关系网络，本书在稳健性检验中也进行了分析，结果如表5-9所示，结果表明，由滞后1期的企业创新产出代理变量的稳健性检验结论与前文一致。

表5-9 法律环境、高管社会关系网络与企业创新产出（滞后1期；律师与非律师）

VARIABLES	(1) Lnpatent N=1 律师	(2) Lnpatent N=1 律师	(3) Lnpatent N=1 律师	(4) Lnpatent N=1 非律师	(5) Lnpatent N=1 非律师	(6) Lnpatent N=1 非律师
Cinterlock	0.749*** (2.20)		0.631* (1.84)	0.432*** (5.22)		0.292*** (3.55)
Lawscore		0.087*** (4.01)	0.080*** (3.62)		0.072*** (11.91)	0.070*** (11.48)
Cinterlock × Lawscore			-0.075 (-0.79)			0.065* (2.57)
SIZE	0.074** (2.17)	0.060* (1.81)	0.060* (1.80)	0.089*** (9.56)	0.080*** (8.75)	0.081*** (8.83)
ROA	2.019 (1.43)	2.427* (1.75)	2.536* (1.84)	0.940*** (2.58)	1.272*** (3.55)	1.248*** (3.48)
LOSS	0.323 (1.17)	0.320 (1.19)	0.391 (1.44)	0.127 (1.63)	0.140* (1.83)	1.87 (0.097)
LEV	-0.170 (-0.39)	0.061 (0.14)	0.039 (0.09)	0.143 (1.13)	0.306** (2.44)	0.0246** (1.97)
STATE	-0.250 (-1.32)	-0.221 (-1.19)	-0.231 (-1.25)	-0.118** (-2.46)	-0.038 (-0.79)	-0.034 (-0.71)
DUAL	-0.086 (-0.38)	-0.061 (-0.28)	-0.009 (-0.04)	0.210*** (3.39)	0.204*** (3.34)	0.218*** (3.59)
OUTSIDE_DIRECTOR	2.595* (1.93)	3.878*** (3.79)	3.181** (2.41)	0.353 (0.94)	0.697* (1.90)	0.551 (1.50)
M_SHARE	0.063*** (3.73)	0.063*** (3.79)	0.065*** (3.93)	0.033*** (7.59)	0.030*** (6.90)	0.031*** (7.27)
Observations	255	255	255	3435	3435	3435
R^2	0.862	0.868	0.870	0.869	0.874	0.874
p-value	0	0	0	0	0	0

注：***表示 $p<0.01$，**表示 $p<0.05$，*表示 $p<0.1$。

对于律师与非律师背景高管社会关系网络，本书在稳健性检验中也进行了分析，结果如表5-10所示，结果表明，由滞后2期的企业创新产出代理变量的稳健性检验结论与前文一致。

表5-10 法律环境、高管社会关系网络与企业创新产出（滞后2期；律师与非律师）

VARIABLES	(1) Lnpatent N=2 律师	(2) Lnpatent N=2 律师	(3) Lnpatent N=2 律师	(4) Lnpatent N=2 非律师	(5) Lnpatent N=2 非律师	(6) Lnpatent N=2 非律师
Cinterlock	0.811** (2.14)		0.646* (1.69)	0.153* (1.75)		0.043 (0.50)
Lawscore		0.089*** (3.86)	0.084*** (3.62)		0.065*** (10.05)	0.065*** (10.00)
Cinterlock × Lawscore			0.003 (0.03)			0.055** (2.06)
SIZE	0.048 (1.33)	0.040 (1.13)	0.043 (1.20)	0.081*** (7.98)	0.073*** (7.29)	0.073*** (7.31)
ROA	0.690 (0.47)	1.529 (1.05)	1.624 (1.12)	-0.519 (-1.27)	-0.123 (-0.31)	-0.103 (-0.25)
LOSS	0.097 (0.32)	0.068 (0.24)	0.145 (0.49)	-0.158* (-1.87)	-0.130 (-1.56)	-0.131 (-1.57)
LEV	-0.659 (-1.38)	-0.395 (-0.85)	-0.527 (-1.09)	-0.093 (-0.67)	0.055 (0.40)	0.033 (0.24)
STATE	-0.050 (-0.23)	0.045 (0.21)	0.073 (0.34)	0.085 (1.59)	0.148*** (2.79)	0.160*** (2.98)
DUAL	-0.005 (-0.02)	0.030 (0.12)	0.090 (0.36)	0.210*** (3.11)	0.222*** (3.36)	0.041*** (8.90)
OUTSIDE_DIRECTOR	1.531 (1.07)	2.642** (2.00)	1.862 (1.34)	0.456 (1.10)	0.771* (1.91)	0.750* (1.84)
M_SHARE	0.040*** (10.12)	0.055*** (3.04)	0.056*** (3.13)	0.043*** (9.14)	0.040*** (8.47)	0.041*** (8.90)
Observations	222	222	222	2979	2979	2979
R^2	0.843	0.850	0.853	0.854	0.859	0.859
p-value	0	0	0	0	0	0

注：***表示 $p<0.01$，**表示 $p<0.05$，*表示 $p<0.1$。

二、法律环境替换变量

本书以各地区专利侵权立案数量与专利申请数量之比作为法律环境的替换变量，体现了各地区法律对专利等企业创新产出的保护程度，经过实证检验可以发现，主要结论与前文所述一致，专利侵权立案数量比例越高，意味着当地法律环境越差，企业创新产出越低（-0.612***，-20.16），二者呈显著负相关关系，同时高管社会关系网络对法律保护程影响企业创新产出的正向调节作用（0.370***，9.03），即高管社会关系网络扭转了专利侵权对企业创新产出的影响（见表5-11）。

表5-11 法律保护程度、高管社会关系网络与企业创新产出（投入）

VARIABLES	(1) RD	(2) RD	(3) RD	(4) Lnpatent	(5) Lnpatent	(6) Lnpatent
Cinterlock	0.001*		0.001	0.306***		0.529***
	(1.88)		(1.61)	(4.63)		(7.85)
Protect		-0.000	-0.001		-0.612***	-1.111***
		(-0.25)	(-1.45)		(-20.16)	(-20.12)
Cinterlock × Protect			0.000			0.370***
			(1.23)			(9.03)
SIZE	-0.030***	-0.000	-0.000	0.099***	0.101***	0.099***
	(-8.53)	(-1.57)	(-1.57)	(14.27)	(15.00)	(15.06)
ROA	-0.041	-0.008***	-0.008***	-0.530*	-0.134	-0.022
	(-0.29)	(-4.60)	(-4.60)	(-1.99)	(-0.52)	(-0.09)
LOSS	-0.055*	0.001***	0.001***	-0.159***	-0.119**	-0.046
	(-1.87)	(3.27)	(3.34)	(-2.77)	(-2.13)	(-0.85)
LEV	0.150***	0.001*	0.001	-0.175*	-0.157*	-0.246***
	(3.19)	(1.69)	(1.64)	(-1.92)	(-1.78)	(-2.86)
STATE	-0.014	-0.001***	-0.001***	-0.125***	-0.032	-0.072**
	(-0.75)	(-3.90)	(-3.93)	(-3.48)	(-0.92)	(-2.10)
DUAL	0.107***	-0.001***	-0.001***	0.241***	0.216***	0.230***
	(4.36)	(-3.98)	(-3.86)	(5.00)	(4.61)	(5.05)

续表

VARIABLES	(1) RD	(2) RD	(3) RD	(4) Lnpatent	(5) Lnpatent	(6) Lnpatent
OUTSIDE_DIRECTOR	0.172 (1.20)	0.014*** (8.20)	0.014*** (7.95)	0.801*** (2.85)	0.836*** (3.07)	0.849*** (3.19)
M_SHARE	0.008*** (4.93)	0.000*** (7.18)	0.000*** (7.15)	0.048*** (14.86)	0.045*** (14.27)	0.045*** (14.82)
Observations	6446	6446	6446	6954	6954	6954
R^2	0.017	0.092	0.092	0.848	0.857	0.865
p-value	0	0	0	0	0	0

注：*** 表示 $p<0.01$，** 表示 $p<0.05$，* 表示 $p<0.1$。

在进一步的分析中，对律师背景的高管社会关系网络与非律师背景的高管社会关系网络对企业创新投入的影响，实证检验结果与前文主要结论一致（见表5-12）。

表5-12 法律保护程度、高管社会关系网络与企业创新投入（律师与非律师）

VARIABLES	(1) RD (律师)	(2) RD (律师)	(3) RD (律师)	(4) RD (非律师)	(5) RD (非律师)	(6) RD (非律师)
Cinterlock	0.000 (0.27)		0.001 (0.51)	0.001 (1.54)		0.001* (1.69)
Protect		-0.001 (-1.03)	-0.001 (-0.16)		0.000 (0.18)	-0.000 (-1.07)
Cinterlock × Protect			-0.001 (-0.27)			0.000 (1.03)
SIZE	-0.000*** (-4.16)	-0.001*** (-4.53)	-0.000*** (-7.94)	-0.000*** (-2.80)	-0.000*** (-3.40)	-0.000*** (-3.41)
ROA	-0.011 (-1.35)	-0.008 (-0.93)	-0.009*** (-5.10)	-0.008*** (-4.18)	-0.006*** (-3.33)	-0.006*** (-3.22)
LOSS	0.003* (1.73)	0.004** (2.08)	0.001* (1.91)	0.001*** (2.85)	0.001*** (3.26)	0.001*** (3.32)
LEV	0.001 (0.21)	0.002 (0.55)	0.001** (2.10)	0.000 (0.54)	0.001* (1.70)	0.001 (1.49)

续表

VARIABLES	(1) RD (律师)	(2) RD (律师)	(3) RD (律师)	(4) RD (非律师)	(5) RD (非律师)	(6) RD (非律师)
STATE	-0.002 (-1.64)	-0.002 (-1.43)	-0.001*** (-3.21)	-0.001*** (5.48)	-0.001*** (5.04)	-0.001*** (-3.80)
DUAL	-0.001 (-0.80)	-0.001 (-0.78)	-0.001*** (-3.97)	-0.001*** (-2.80)	-0.001*** (-2.92)	-0.001*** (-2.75)
OUTSIDE_DIRECTOR	0.025*** (2.82)	0.028*** (3.34)	0.003* (1.74)	0.009*** (4.52)	0.010*** (5.04)	0.010*** (4.80)
M_SHARE	0.000*** (2.87)	0.000*** (3.18)	0.000*** (6.44)	0.000*** (6.85)	0.000*** (6.35)	0.000*** (6.43)
Observations	332	332	332	4374	4374	4374
R^2	0.209	0.203	0.260	0.083	0.099	0.106
p-value	0	0	0	0	0	0

注：***表示 $p<0.01$，**表示 $p<0.05$，*表示 $p<0.1$。

在进一步的分析中，对律师背景的高管社会关系网络与非律师背景的高管社会关系网络对企业创新产出的影响，实证检验结果与前文主要结论一致（见表5-13）。我们也得到了律师背景的高管社会关系网络在专利侵权立案数量影响企业创新产出的调节作用，显著降低了专利侵权立案数量对企业创新产出的影响，而非律师背景的高管社会关系网络则显著强化了专利侵权立案数量对企业创新产出的影响。

表5-13 法律保护程度、高管社会关系网络与企业创新产出（律师与非律师）

VARIABLES	(1) Lnpatent (律师)	(2) Lnpatent (律师)	(3) Lnpatent (律师)	(4) Lnpatent (非律师)	(5) Lnpatent (非律师)	(6) Lnpatent (非律师)
Cinterlock	0.827*** (2.66)		0.971*** (3.19)	0.235*** (3.27)		0.440*** (5.97)
Protect		-0.876*** (-5.09)	-1.392*** (-3.07)		-0.582*** (-17.57)	-1.09*** (-18.15)

第五章 地区法律环境、高管社会关系网络与企业创新

续表

VARIABLES	(1) Lnpatent (律师)	(2) Lnpatent (律师)	(3) Lnpatent (律师)	(4) Lnpatent (非律师)	(5) Lnpatent (非律师)	(6) Lnpatent (非律师)
Cinterlock × Protect			0.666 (1.06)			0.372*** (8.64)
SIZE	0.102*** (3.69)	0.079*** (2.70)	0.084*** (2.88)	0.101*** (12.94)	0.095*** (11.82)	0.096*** (11.97)
ROA	-0.123 (-0.12)	1.401 (1.36)	1.518 (1.47)	-0.672** (-2.25)	0.038 (0.13)	0.082 (0.27)
LOSS	-0.124 (-0.56)	0.099 (0.42)	0.141 (0.60)	-0.171*** (-2.64)	-0.070 (-1.04)	-0.060 (-0.90)
LEV	-0.507 (-1.49)	-0.253 (-0.69)	-0.392 (-1.04)	-0.092 (-0.90)	0.278*** (2.58)	0.232** (2.15)
STATE	-0.143 (-0.95)	-0.262* (-3.21)	-0.249 (-1.57)	-0.144*** (-3.65)	-0.105*** (-2.59)	-0.091** (-2.23)
DUAL	-0.021 (-0.11)	-0.059 (-0.30)	-0.014 (-0.07)	0.259*** (4.81)	0.312*** (5.72)	0.324*** (5.95)
OUTSIDE_DIRECTOR	1.499 (1.38)	2.192* (1.95)	1.754 (1.52)	0.760** (2.42)	0.795** (2.46)	0.712** (2.20)
M_SHARE	0.070*** (5.25)	0.067*** (4.54)	0.068*** (4.62)	0.047*** (12.91)	0.038*** (10.03)	0.038*** (10.26)
Observations	361	361	361	4819	4819	4819
R^2	0.838	0.853	0.855	0.848	0.860	0.860
p-value	0	0	0	0	0	0

注：*** 表示 $p<0.01$，** 表示 $p<0.05$，* 表示 $p<0.1$。

三、高管社会关系网络替换变量

本书使用了高管社会关系网络的程度中心度作为高管社会关系网络的代理变量，得到的实证检验结果如表5-14所示，总体而言，结论与前文所述一致。

表5-14 法律环境、高管社会关系网络程度中心度与企业创新产出

VARIABLES	(1) RD	(2) RD	(3) RD	(4) Lnpatent	(5) Lnpatent	(6) Lnpatent
Degree	0.000*** (3.59)		0.000** (2.24)	0.002*** (6.15)		0.001*** (3.99)
Lawscore		0.000*** (11.10)	0.001*** (6.35)		0.100*** (18.83)	0.108*** (8.42)
Degree × Lawscore			0.000*** (2.86)			0.000 (1.34)
SIZE	-0.000*** (-4.93)	-0.000*** (-4.84)	-0.000*** (-5.81)	0.091*** (12.12)	0.095*** (12.35)	0.082*** (11.22)
ROA	-0.008*** (-4.55)	-0.006*** (-3.43)	-0.007*** (-3.61)	-0.052 (-0.18)	0.133 (0.46)	-0.052 (-0.18)
LOSS	0.001*** (3.36)	0.002*** (3.83)	0.002*** (4.04)	-0.164*** (-2.63)	-0.046 (-0.72)	-0.164*** (-2.63)
LEV	0.000 (0.11)	0.000 (0.57)	0.001 (0.96)	0.077 (0.77)	0.230** (2.24)	0.255*** (2.61)
STATE	-0.001*** (-5.64)	-0.001*** (-5.59)	-0.001*** (-3.97)	-0.161*** (-4.10)	-0.115*** (-2.91)	-0.060 (-1.55)
DUAL	-0.001*** (-3.06)	-0.001*** (-2.82)	-0.001*** (-2.89)	0.303*** (5.93)	0.280*** (5.36)	0.310*** (6.23)
OUTSIDE_DIRECTOR	0.011*** (5.39)	0.012*** (5.98)	0.012*** (6.10)	0.915*** (3.01)	0.929*** (3.00)	0.936*** (3.11)
M_SHARE	0.000*** (6.89)	0.000*** (6.98)	0.000*** (6.53)	0.036*** (9.98)	0.039*** (10.90)	0.033*** (9.49)
Observations	5334	5334	5334	5334	5334	5334
R^2	0.092	0.112	0.109	0.853	0.859	0.862
p-value	0	0	0	0	0	0

注：***表示 $p<0.01$，**表示 $p<0.05$，*表示 $p<0.1$。

在进一步的分析中，对律师背景的高管社会关系网络与非律师背景的高管社会关系网络对企业创新投入的影响，实证检验结果与前文主要结论一致（见表5-15）。

表5-15 法律环境、高管社会关系网络与企业创新投入（律师与非律师）

VARIABLES	(1) RD （律师）	(2) RD （律师）	(3) RD （非律师）	(4) RD （非律师）
Degree	0.000 (0.27)	-0.000 (-0.61)	0.000*** (3.08)	0.000* (1.83)
Lawscore		0.001 (1.64)		0.001*** (7.24)
Degree × Lawscore		0.000 (1.64)		0.000*** (3.72)
SIZE	-0.025*** (-4.76)	-0.001*** (-4.49)	-0.001*** (-4.49)	-0.000*** (-3.98)
ROA	-0.155 (-0.79)	-0.008 (-0.95)	-0.008 (-0.95)	-0.006*** (-3.07)
LOSS	0.031 (0.74)	0.004** (1.98)	0.001*** (2.88)	0.001*** (3.32)
LEV	0.008 (0.12)	0.002 (0.59)	0.000 (0.35)	0.001 (1.25)
STATE	0.016 (0.56)	-0.002 (-1.37)	-0.001*** (-5.61)	-0.001*** (-3.72)
DUAL	-0.010 (-0.28)	-0.001 (-0.83)	-0.001*** (-2.94)	-0.001*** (-2.74)
OUTSIDE_DIRECTOR	0.967*** (4.93)	1.754 (1.52)	0.010*** (5.04)	0.009*** (4.38)
M_SHARE	0.003 (1.36)	0.026*** (3.03)	0.047*** (12.91)	0.000*** (6.42)
Observations	332	332	4380	4380
R^2	0.188	0.252	0.085	0.107
p-value	0	0	0	0

注：***表示 $p<0.01$，**表示 $p<0.05$，*表示 $p<0.1$。

在进一步的分析中，对律师背景的高管社会关系网络与非律师背景的高管社会关系网络对企业创新产出的影响，实证检验结果与前文主要结论一致（见表5-16）。虽然调节作用的结果并不显著，但律师背景的高管社会关系网络不仅显著降低了法律环境对企业创新产出的影响，同时还将法律环境与企业创新产出的关系调节为负相关关系，即扭转了法律环境对企业创新产出的不利影响，而非律师的高管社会关系网络，显著降低了法律环境影响企业创新产出的影响，但影响程度不及律师背景的高管社会关系网络。因此，总体结论与前文基本一致。

表5-16 法律环境、高管社会关系网络与企业创新产出（律师与非律师）

VARIABLES	(1) Lnpatent （律师）	(2) Lnpatent （律师）	(3) Lnpatent （非律师）	(4) Lnpatent （非律师）
Degree	0.004***	0.004**	0.002***	0.001***
	(2.83)	(1.99)	(4.46)	(2.65)
Lawscore		0.051		0.114***
		(0.71)		(7.96)
Degree * Lawscore		-0.000		0.000
		(-0.50)		(1.50)
SIZE	0.064**	0.061**	0.092***	0.082***
	(2.12)	(1.99)	(10.98)	(10.01)
ROA	0.701	1.187	-0.105	0.378
	(0.62)	(1.07)	(-0.32)	(1.20)
LOSS	-0.096	-0.021	-0.143**	-0.095
	(-0.40)	(-0.09)	(-2.03)	(-1.39)
LEV	-0.406	-0.240	0.219*	0.407***
	(-1.06)	(-0.64)	(1.94)	(3.70)
STATE	-0.279*	-0.245	-0.174***	-0.065
	(-1.69)	(-1.52)	(-4.02)	(-1.52)
DUAL	0.055	0.057	0.358***	0.365***
	(0.27)	(0.29)	(6.32)	(6.63)

第五章 地区法律环境、高管社会关系网络与企业创新

续表

VARIABLES	(1) Lnpatent （律师）	(2) Lnpatent （律师）	(3) Lnpatent （非律师）	(4) Lnpatent （非律师）
OUTSIDE_DIRECTOR	2.736** (2.40)	3.074*** (2.65)	0.848** (2.51)	0.841** (2.51)
M_SHARE	0.054*** (3.58)	0.057*** (3.91)	0.036*** (9.11)	0.033*** (8.53)
Observations	332	332	4380	4380
R^2	0.849	0.858	0.855	0.864
p-value	0	0	0	0

注：***表示 $p<0.01$，**表示 $p<0.05$，*表示 $p<0.1$。

第六节 小结

经过实证检验可以发现，高管社会关系网络可以显著促进企业创新的投入及产出，同时法律环境会影响企业对创新的投入以及创新产出的水平，此外，我们认为高管社会关系网络对法律环境影响企业创新的机制中具有正向的调节作用，即高管社会关系网络强化了法律环境对企业创新的影响。但通过进一步分析，可以发现由具有不同职业背景的高管建立的高管社会关系网络，其在发挥法律环境影响企业创新产出的调节作用存在显著的差异，结果表明，具有律师专业背景的高管社会关系网络能够显著降低法律环境对企业创新产出的影响，而非律师专业背景的高管社会关系网络则显示出显著强化法律环境对企业创新产出的影响。究其原因，可能是由于具有律师背景的高管社会关系网络其蕴含着的法律知识或信息相关的资源能够显著降低法律环境对企业创新产出的影响，主要是对专利的影响；而非律师背景的高管社会关系网络则不具备法律等相关资源，因此无法降低法律环境对企业创新的影响，反而强化了其对企业创新产出的影响程度。

第六章 地区文化、高管社会关系网络与企业创新

第一节 概述

中国地域广袤，资源禀赋差异较为明显，每个地区都形成了各自的经济文化特色。例如，上海、浙江、江苏、福建等东部沿海地区，交通等资源较为发达，有利于发展贸易经济，经济发达程度较高，企业分布也以贸易、制造业为主；西部地区，包括内蒙古、山西、甘肃、四川、重庆等省份，处于内陆地区，交通便利程度等相对而言不具优势，因此经济发达程度相对较低。在地区文化方面，中国各地迥异的自然和地理环境、历史传统随着时间的推移，形成了各有特色的地区文化。企业的经营与发展与地区的经济、文化密不可分，地区文化的差异影响企业的经营活动，例如企业创新水平在不同地区存在显著的差异（Talhelm 等，2014）。高管社会关系网络，作为各地区企业之间的桥梁，可以将不同地区的企业互相联系起来。社会网络理论认为高管社会关系网络中镶嵌着各种资源，处于网络中的成员可以通过沟通及信息传递的方式获取所需的资源，并作为决策依据。因此，本书将探索处于不同地区文化的企业，由高管社会关系网络建立起彼

此间的联系，如何对地区文化影响企业创新机制产生调节作用。

第二节 文献综述与研究假设

一、地区文化与企业创新

各异的地理环境、历史传承使中国各个地区形成了风格迥异的地区文化，例如，有的地区重视文化产业的发展，一些地区则重视工业及制造业的发展、其他地区则重视农业产业的发展。新经济地理学认为，中国企业分布与地区文化、地区政策等因素密不可分（潘峰华，2013；方旭，2014）。企业创新风险较高，并不是投入就一定能够获得创新成果。影响企业创新的因素众多，除企业内部资本投入、规模、管理层创新意愿等企业内部因素外，企业所处地区的文化等外部制度环境也对企业创新有重要影响。潘越等（2017）利用城市方言数量及方言分化指数度量地区文化多样性对企业创新的影响，发现文化多样性越强的地区，企业创新产出更具优势。伦蕊（2008）指出，企业管理层及团队的决策受到地区文化因素的影响。蔡洪滨等（2008）认为，地区传统文化对晋商、徽商等商帮治理结构产生了重要的影响，吕福新（2008）研究了浙江地区的传统工商文化思想对当地企业经营行为的影响非常重要。潘越等（2017）指出地域文化纷繁复杂且各具特色，各种多元文化的交流和碰撞，会促进创新性想法的形成，进而促进企业创新产出。

上述研究从各个角度证明了地区文化对企业的经营与治理方面均产生重要影响。企业创新作为现代企业提升核心竞争力的重要途径之一，对企业的重要程度不言而喻。无论是企业的经营还是管理层的决策行为，都会受到外界环境因素的影响。因此，提升企业创新水平，必然要顺势而为，适应企业所处地区的文化特征。企业创新需要动力，如果地区文化的包容性强，允许多种文化共存发展，则越有利于企业创新水平的提升。企业创新需要思想的火花，地区文化包容性强，意味着允许多种文化思维相互碰撞，将有利于促进企业创新。相对而言，如果地区文化单一，边界明确，则不利于企业创新水平的提升。基于以上分析，我们提出以下假设：

假设6-1：地区文化显著影响企业创新水平的提升。

二、地区文化、高管社会关系网络与企业创新

近几年来，社会学与管理学界的学者关注了社会关系网络对公司行为及公司治理等方面的影响，并对其展开了研究。通过对相关研究的梳理，我们发现公司的管理层会通过校友、同乡，以及共同在董事会任职建立社会关系网络，各种社会关系网络中的成员会通过信息沟通及学习校友从网络中获取镶嵌着的各项资源（社会资本），从而直接或间接地影响公司经营或公司治理行为。其中，一些学者研究了社会关系网络对企业创新的影响，例如袁建国等（2015）和潘红波等（2016）认为，政治关联影响了企业创新发展，但二人的结论并不一致，前者认为政治关联阻碍了企业创新，后者认为政治关联是产权保护的一种替代机制，从而有效促进了企业创新水平的提升。Faleye等（2014）发现关系网络越丰富的CEO，其对新知识的识别、评估及研究能力较强，从而提高了其任职企业的创新投入和创新产出。Bernini等（2014）通过研究指出处于董事网络中的公司间通过学习及模仿促进了彼此专利申请的数量，同时提升了专利申请的成功率。钱锡红等（2010）和严若森等（2018）通过对企业所处的社会关系网络的研究发现，企业拥有的结构洞越多，越有利于提升其创新绩效。朱丽等（2017）认为，公司建立的社会关系网络中的资源异质性越高，则越有利于企业创新水平的提升。王营和张光利（2018）从引资与引智的角度研究了民营企业的董事网络对企业创新的影响，发现董事网络显著提高了民营企业的创新水平。

由于高管社会关系网络的镶嵌效应、社会资本效应及信息传递效应,使处于网络关系中的成员(高管及企业)能够及时获得所需的各项资源,这包括了镶嵌在网络中的"知识"、获取的"渠道"。一方面,对于处于地区文化包容性越强的企业,其创新思想及创新所需"文化资源"越有保障,那么处于关系网络中的成员,可以通过网络获取提高企业创新水平的各项资源,越有利于企业创新水平的提升。另一方面,处于地区文化包容性较弱的企业,如果其所处的高管社会关系网络镶嵌着有利于提升企业创新产出的知识与资源,例如可以通过与网络中其他成员进行思想的碰撞与交流,那么该企业的管理层通过网络中的"沟通与交流"的渠道获取企业创新所需的资源,进而提升本企业的企业创新水平。基于以上分析,本章提出以下假设:

假设6-2:高管社会关系网络在地区文化影响企业创新路径中有正向的调节作用。

第三节 研究设计

一、研究样本与数据来源

本书选取2007~2018年沪深A股上市公司的数据作为样本,本书的数据来源于国泰安数据库(CSMAR)、万德数据库(WIND)以及新浪财经网。具体来源及数据处理过程请见第三章内容。

二、变量定义

本章对高管社会关系网络、企业创新的定义与度量与前文一致,具体请见第三章内容。

(1) 地区文化。

在选取地区文化的代理变量时,本书选取地区文化产业聚集程度指标,该指数越高,表示该地区的文化产业聚集程度越高。文化产业聚集程度代表了地区的第三产业的发达程度,发达程度越高,在一定限度表明该地区的文化以包容、思想的开放程度较高,该地区对各种文化的包容性越强。具体度量请见第三章内容。

(2) 控制变量。

本书借鉴了以前学者的研究(李春涛和宋敏,2008;Tian 和 Wang,2014;潘红波,2016),在模型中控制了可能影响企业创新的其他因素,具体包括企业规模、财务杠杆、资产收益率、独立董事比例、管理层持股、亏损、企业性质等,具体指标度量请见第四章相关内容。

表 6-1 变量定义

变量名称	符号	变量定义
企业创新	Lnpatent	第 t 年专利申请数量与 1 之和取自然对数
	RD	第 t 年企业研发支出占销售收入的比例
高管社会关系网络	Interlock	虚拟变量,当高管存在社会关系网络时,取值为 1,当高管不存在社会关系网络时,取值为 0
	C - Interlock	每个公司高管社会关系网络的数量占高管数量的比例
	Degree	程度中心度,计算方法如前文所述
地区文化	Cluster	文化产业聚集程度,指标越高,聚集程度越高
	HC	虚拟变量,当地区文化产业聚集程度高于中位数时,取值为 1,否则取值为 0
	Culture - diversity	地区文化多样化程度,指标越高,多样化程度越高
	HH	地区高等院校在读人数占地区人口总数的比例
	Humancapital	虚拟变量,当地区高等院校在读人数比例高于中位数时,取值为 1,否则取值为 0

三、模型构建

本书拟使用模型（6-1）检验文化企业聚集程度对企业创新的影响，通过模型（6-2）检验高管社会关系网络在地区文化企业聚集程度对企业创新的影响机制中发挥的调节作用。此外，由于企业创新产出具有滞后性，因此本书于稳健性检验中将被解释变量替换为滞后1期、滞后2期的变量。

$$Lnpatent_{i,t} = \alpha_0 + \alpha_1 HC_{i,t} + \alpha_2 SIZE_{i,t} + \alpha_3 ROA_{i,t} + \alpha_4 LOSS_{i,t} + \alpha_5 LEV_{i,t} + \alpha_6 STATE_{i,t} + \alpha_7 SHARE_{i,t} + \alpha_8 DUAL_{i,t} + \alpha_9 OUTSIDE\_DIRECTOR_{i,t} + \varepsilon_{i,t} \quad (6-1)$$

$$Lnpatent_{i,t} = \alpha_0 + \alpha_1 HC_{i,t} + \alpha_2 HC_{i,t} \times Cinterlock_{i,t} + \alpha_3 Cinterlock_{i,t} + \alpha_4 SIZE_{i,t} + \alpha_5 ROA_{i,t} + \alpha_6 LOSS_{i,t} + \alpha_7 LEV_{i,t} + \alpha_8 STATE_{i,t} + \alpha_9 SHARE_{i,t} + \alpha_{10} DUAL_{i,t} + \alpha_{11} OUTSIDE\_DIRECTOR_{i,t} + \varepsilon_{i,t} \quad (6-2)$$

第四节 实证研究结果分析

一、描述性统计

表6-2中报告的是各变量的描述性统计结果，表明样本企业中申报专利（Patent）数量的均值为161.246项，其中申请数量最多为21086项，最小为2项。Interlock的结果表明上市公司中平均有98.5%的公司都存在高管社会关系网络。其中，每个公司的高管社会关系网络的数量（Cinterlock）的均值为5.052，最小值为1，最大值为23；每个公司高管社会关系网络数量占高管总人数比例（C-Interlock）的均值为54.8%，以上数据表明高管社会关系网络已经成为上市公司普遍存在的现象。高管社会关系网络的程度中心度的均值为51.724，最小值

为 0，最大值为 636.609。地区文化聚集程度的均值为 0.862，最大值为 2.110，最小值为 0.327。地区文化多样性的均值为 4.234，最大值为 10.649，最小值为 1.852。地区高等人才培养程度的均值为 170.608，最大值为 291.279，最小值为 64.246。关于高管持股数量（M_SHARE）的数据表明，上市公司高管持股的均值为 5313485 股，最小值为 0 股，最大值为 655000000 股。

表 6-2 描述性统计

变量	N	均值	最小值	最大值	中位数
Patent	5074	161.246	2.000	21086.000	18.000
Lnpatent	5074	3.141	1.099	7.180	2.944
Interlock	5074	0.985	0.000	1.000	1.000
C_interlock	5074	0.548	0.067	2.556	0.500
Cinterlock	5074	5.052	1.000	23.000	5.000
Degree	5074	51.724	0.000	636.609	39.000
Culture	5074	0.862	0.327	2.110	0.884
HC	5074	0.520	0	1	1
Diversity	5074	4.234	1.852	10.649	3.501
Human	5074	170.608	64.246	291.279	167.306
HH	5074	0.540	0	1	1
SIZE	5074	22.222	18.903	26.660	22.048
LEV	5074	0.502	0.006	1.140	0.512
LOSS	5074	0.132	0.000	1.000	0.000
ROA	5074	0.046	-0.229	0.459	0.031
STATE	5074	0.358	0.000	1.000	0.000
OUTSIEDE_DIRECTOR	5074	0.371	0.300	0.571	0.333
DUAL	5074	0.163	0.000	1.000	0.000
M_SHARE	5074	5313485.000	0.000	655000000.000	27694.000

二、相关性分析

表 6-3 中报告的是主要变量的相关系数，结果表明企业创新与高管社会

关系网络在1%的水平显著正相关,说明高管社会关系网络能够显著促进企业创新水平的提高,二者之间具有显著的正相关关系,该相关性分析结果支持假设6-1。

表6-3 主要变量相关系数

	Lnpatent	Cinterlock	Degree	Closeness	Betweenness	Cluster	Diversity	Human
Lnpatent	1	0.058***	0.092***	0.106***	0.062***	-0.079***	-0.148***	0.038***
Cinterlock	0.078***	1	0.823***	0.336***	0.494***	0.040***	-0.215***	-0.065***
Degree	0.048***	0.785***	1	0.549***	0.716***	0.063***	-0.312***	-0.011
Closenes	0.135***	0.273***	0.302***	1	0.625***	-0.031**	-0.298***	0.172***
Betweenness	0.064***	0.421***	0.487***	0.535***	1	0.065***	-0.152***	-0.020
Cluster	-0.100***	0.078***	0.088***	-0.041***	0.086***	1	-0.130***	-0.145***
Diversity	-0.154***	-0.205***	-0.220***	-0.226***	-0.123***	-0.011	1	0.118***
Human	0.039***	-0.074***	-0.029**	0.122***	-0.012	0.009	0.198***	1

注:***、**和*分别表示在1%、5%和10%的水平上显著,左下角为Pearson相关系数,右上角为Spearman相关系数。

三、单变量差异分析

表6-4的结果是分别对文化产业聚集度高地区的企业及文化产业聚集度低地区的企业、有高管社会关系网络的企业及无高管社会关系网络的企业创新的均值进行了T检验和Z检验,发现二者具有显著差异。首先,通过数据的分析,表明了企业所处地区的文化产业聚集程度对企业创新的影响显著,对企业创新中关于技术发明等创新的影响不显著,而对于外观包装专利等创新的影响较为显著。其次,数据还表明有高管社会关系网络的公司与无高管社会关系网络的公司间的企业创新具有显著的差异,即高管社会关系网络对企业创新具有显著影响,这些显著的差异无论对企业创新中的技术发明还是外观专利等均具有显著影响。

表6-4 单变量检验

变量		文化产业聚集度高样本组		文化产业聚集度低样本组		T检验	Z检验
		均值	标准差	均值	标准差		
企业创新	Lnpatent	3.178	1.455	3.106	1.488	1.761*	2.45**
	Innovation	1.686	1.307	1.689	1.343	-0.076	0.521
	Non-innovation	1.990	1.508	1.925	1.472	1.548	1.895*
变量		具有高管社会关系网络的样本组		不具有高管社会关系网络样本组		T检验	Z检验
		均值	标准差	均值	标准差		
企业创新	Lnpatent	2.718	1.159	3.147	1.476	-3.208***	-2.232**
	Innovation	1.132	0.853	1.696	1.330	-5.690***	-3.486***
	Non-innovation	1.643	1.295	1.962	1.492	-2.136**	-1.533

注：***、**和*分别表示在1%、5%和10%的水平上显著。

四、实证检验

（1）地区文化与企业创新。

表6-5中第（1）栏的结果表明，高管社会关系网络与企业创新之间在5%的水平上呈显著正相关关系（0.137**，2.04）。这意味着高管社会关系网络能够促进企业创新。第（2）栏的结果表明，企业所处地区文化产业聚集程度与企业创新呈正相关关系但并不显著（0.760，0.444），并不支持假设6-1。该结果不支持假设1的原因可能在于企业所处地区文化产业聚集程度越高，意味着地区文化产业发展比较好，即文化包容性及多样性较强，而本书所使用的企业创新的代理变量为专利申请数量相关的指标。而地区文化包容性对专利申请可能存在不同的影响程度，因此在进一步分析中，本书将对企业创新代理变量进行分别的检验。

当HC=1时，意味着地区文化产业聚集程度较高，公司所处地区文化包容性较强，Cinterlock×HC（0.955***，7.84）这个交互项表明与地区文化包容性较低的企业相比，在地区文化包容性较高的地区，高管社会关系网络能够显著促进企业创新水平的提升。该结果表明高管社会关系网络在地区文化影响企业创新的机制中起到了正向的调节作用，加强了地区文化对企业创新的影响程度。因此，该结果支持假设6-2。

表6-5 地区文化、高管社会关系网络与企业创新

VARIABLES	(1) Lnpatent	(2) Lnpatent	(3) Lnpatent
Cinterlock	0.137**		-0.406***
	(2.04)		(-4.22)
HC		0.760	-0.473***
		(0.444)	(-6.21)
Cinterlock×HC			0.955***
			(7.84)
SIZE	0.045***	0.043***	0.051***
	(4.55)	(4.39)	(5.15)
ROA	-0.566*	-0.500	-0.378
	(-1.85)	(-1.64)	(-1.23)
LOSS	-0.256***	-0.275***	-0.234***
	(-3.85)	(-4.19)	(-3.54)
LEV	0.614***	0.614***	0.630***
	(5.96)	(6.02)	(6.14)
STATE	-0.148***	-0.146***	-0.123***
	(-3.66)	(-3.63)	(-3.05)
DUAL	0.399***	0.384***	0.403***
	(7.50)	(7.30)	(7.63)
OUTSIDE_DIRECTOR	0.114	0.055	-0.005
	(0.34)	(0.16)	(-0.01)
M_SHARE	0.030***	0.028***	0.030***
	(7.95)	(7.56)	(7.97)

续表

VARIABLES	(1) Lnpatent	(2) Lnpatent	(3) Lnpatent
Observations	4994	4994	4994
R^2	0.855	0.855	0.857
p-value	0	0	0

注：***表示$p<0.01$，**表示$p<0.05$，*表示$p<0.1$。

（2）进一步分析。

地区文化产业聚集程度代表了该地区对文化产业发展的态度，该指标越高，意味着地区文化包容程度越强，地方文化鼓励多种思维的碰撞，在一定程度上有利于企业创新水平的提升。从表6-5中第（2）栏的结果看出地区文化的包容性对企业创新不存在显著的影响，究其原因，可能是由于创新有不同的类型，企业有些工艺往往是从其他企业学习得到的，这完全是因为学习效应，并不是完全原创的。因此，由地区文化产业聚集程度度量的地区文化包容性未必对工艺改进这类创新产生积极影响。这说明可能要根据专利申请的类别进行考虑。本书在前文的分析中指出，方言多样性主要通过三种机制对企业创新产生影响，分别是多样化的知识、思想的开放与包容、知识溢出，这意味着方言多样性可能会对需要创造性思想、对现有技术有所突破的这类创新产生积极影响。

本书用公司的专利申请数量作为公司创新产出的代理指标，根据《中华人民共和国专利法》（以下简称《专利法》）的规定，中国的专利分为三类，分别是发明专利、实用新型专利与外观设计专利。其中，发明专利是指对产品、方法或者其改进所提出的新的技术方案；实用新型专利是指对产品的形状、构造或者其结合所提出的适于实用的新的技术方案；外观设计专利是指对产品的形状、图案或者其结合以色彩与形状、图案的结合所做出的富有美感并适用于工业应用的新设计。《专利法》规定，发明专利需要进行实质审查制，而实用新型专利和外观

第六章 地区文化、高管社会关系网络与企业创新

设计专利则无须实质审查制，仅实行形式审查制，这也从一个侧面说明发明专利是专利技术中技术含量最高的部分，尤其需要创造性思维以突破现有的技术。多样化的方言所代表的多样化的知识、思想的开放与包容及知识溢出可以对创造性思维和创造能力产生积极影响，这可能会促进更多发明类专利技术的突破。相对而言，实用新型专利或外观设计专利并不需要对现有技术做重大突破。在本书的研究中，则可能体现为方言多样性并不能显著增加企业非发明类的专利申请数量。

基于以上分析，本书根据中国《专利法》对于中国专利的划分，将企业所申请的专利划分为发明专利（Innovation）和非发明专利（Non – inv），分别进行回归，从表6 – 6第（3）～（4）栏的结果可以看出，地区文化与企业发明专利方面的创新之间在5%的水平上呈显著正相关（0.075^{**}，2.09），而地区文化与企业非发明专利方面的创新之间虽为正相关关系，但并不显著（0.058，1.43）。综合上述结果，我们发现以地区文化产业聚集程度度量的地区文化能够显著促进企业的发明专利方面的创新水平，而对非发明专利类型的企业创新则没有影响。据此，我们认为该结论支持假设6 – 1。

此外，在考察高管社会关系网络在地区文化影响企业发明专利与非发明专利创新的调节效应时，我们分别做了实证分析，结果如表6 – 6中第（5）～（6）栏中所示。交互项 Cinterlock × HC（0.520^{***}，4.58；1.701^{***}，8.51）的结果表明与地区文化包容性较低的企业相比，在地区文化包容性较高的地区，高管社会关系网络能够显著促进企业发明专利与非发明专利创新水平的提升。该结果表明高管社会关系网络在地区文化影响企业创新的机制中起到了正向的调节作用，加强了地区文化对企业创新的影响程度。因此，该结果支持假设6 – 2。

通过进一步的分析，我们发现地区文化对企业创新中的发明专利类创新与非发明专利创新影响存在差异，高管社会关系网络对企业创新中的发明专利与非发明专利的影响没有显著的区别。同样，高管社会关系网络在发挥地区文化影响企

业创新的机制中发挥的调节作用不存在显著的差异。

表6-6 地区文化、高管社会关系网络与企业创新（发明创新与非发明创新）

VARIABLES	(1) Innovation	(2) Non-inv	(3) Innovation	(4) Non-inv	(5) Innovation	(6) Non-inv
Cinterlock	0.270***	0.128*			-0.024	-0.480***
	(4.35)	(1.85)			(-0.27)	(-4.84)
HC			0.075**	0.058	-0.199***	-0.506***
			(2.09)	(1.43)	(-2.81)	(-6.42)
Cinterlock×HC					0.520***	1.701***
					(4.58)	(8.51)
SIZE	0.022**	0.056***	0.019**	0.056***	0.028***	0.064***
	(2.45)	(5.53)	(2.04)	(5.53)	(2.99)	(6.27)
ROA	-1.146***	-0.162	-1.052***	-0.084	-1.003***	0.067
	(-4.04)	(-0.51)	(-3.71)	(-0.27)	(-3.52)	(0.21)
LOSS	-0.269***	-0.279**	-0.280**	-0.300***	-0.253***	-0.253***
	(-4.36)	(-4.06)	(-4.59)	(-4.42)	(-4.11)	(-3.70)
LEV	0.362***	0.699***	0.390***	0.687***	0.365***	0.714***
	(3.79)	(6.56)	(4.13)	(6.52)	(3.83)	(6.74)
STATE	-0.188***	-0.101**	-0.171***	-0.098**	-0.172***	-0.072*
	(-5.00)	(-2.41)	(-4.59)	(-2.38)	(-4.58)	(-1.72)
DUAL	0.368***	0.401***	0.346***	0.392***	0.373***	0.407***
	(7.46)	(7.28)	(7.05)	(7.20)	(7.58)	(7.44)
OUTSIDE_DIRECTOR	-0.186	-0.244	-0.211	-0.344	-0.289	-0.394
	(-0.59)	(-0.69)	(-0.67)	(-0.98)	(-0.92)	(-1.13)
M_SHARE	0.040***	0.036***	0.028***	0.034***	0.030***	0.036***
	(10.12)	(9.33)	(8.05)	(8.96)	(8.60)	(9.34)
Observations	4994	4994	4994	4994	4994	4994
R^2	0.682	0.694	0.693	0.693	0.683	0.698
p-value	0	0	0	0	0	0

注：***表示 $p<0.01$，**表示 $p<0.05$，*表示 $p<0.1$。

第六章 地区文化、高管社会关系网络与企业创新

(3) 分样本：由设计背景高管与非设计背景高管建立的社会关系网络。

企业所处地区文化包容性的差异，影响着企业从高管社会关系网络中获取的知识类型。对于处于地区文化包容性较强的企业，其所处的社会关系网络中镶嵌着文化多样性较强的知识与资源，而对于处于地区文化包容性较差的企业，其所处的社会关系网络中可能是专业性较强的知识与资源。因此，不同职业背景的高管所建立的社会关系网络，其对于网络中资源的需求可能存在差异。企业创新是关于发明专利、实用新型专利及外观设计专利。其中，实用新型专利及外观设计专利是关于产品的形状、颜色及外观等方面，所以具有设计等职业背景的高管在企业所处地区包容性较强时，可以充分发挥其优势，因此对网络中镶嵌着的相关资源的需求可能降低。此外，对于非设计职业背景的高管，其对地区文化所提供的知识直接利用的效率可能较低，因此对网络中镶嵌着大的相关资源的需求可能更高。相应地，对于发明专利也是一样。因此，我们将高管社会关系网络分为具有设计相关职业背景与非设计相关职业背景的两个样本，进一步分析不同职业背景的高管社会关系网络在发挥其对地区文化影响企业创新的调节作用时是否具有显著差异。

由表6-7可以看出，不同职业背景高管社会关系网络对企业创新及其发挥的调节作用存在显著的差异。首先，第（1）栏和第（4）栏的结果表明，无论是由具有设计背景还是非设计背景的高管社会关系网络对企业创新均存在显著的正向影响，但区别在于显著水平不同（1.809^{**}，0.119^{*}）；此外第（3）栏和第（6）栏中的交互项 Cinterlock × HC 的结果是有显著差异的，由具有设计背景的高管所建立的社会关系网络在地区文化影响企业创新的调节作用并不显著（0.642，1.02），但由非设计背景的高管建立的社会关系网络在地区文化影响企业创新中呈现出显著的正向调节作用（0.846^{***}，6.57）。该结果说明如果企业处于地区文化包容性较强的地区，其文化环境呈多样化，思想碰撞的机会较多，有利于企业创新，并且与非设计背景的高管相比，具有设计背景的高管本身就具备创新的

相关知识,因此具有设计背景的高管社会关系网络中镶嵌着的创新知识并不能发挥太多的调节作用;相反地,对于非设计背景的高管,企业虽然处于文化包容性强的地区,但由于专业背景限制,其直接从地区文化获取创新知识存在难度,但其可以从镶嵌着丰富的创新知识的关系网络中获取提升企业创新水平的各项资源,因此,具有非设计背景的高管社会关系网络在地区文化影响企业创新中的调节作用发挥得较显著。综上所述,设计背景与非设计背景的高管社会关系网络对企业创新的影响存在显著差异。

表6-7 地区文化、高管社会关系网络与企业创新(设计背景与非设计背景)

VARIABLES	(1) Lnpatent 设计	(2) Lnpatent 设计	(3) Lnpatent 设计	(4) Lnpatent 非设计	(5) Lnpatent 非设计	(6) Lnpatent 非设计
Cinterlock	1.809** (2.14)		0.670 (0.71)	0.119* (1.69)		-0.358*** (-3.54)
HC		-0.959*** (2.83)	-1.174** (-2.14)		0.028 (0.69)	-0.415*** (-5.25)
Cinterlock × HC			0.642 (1.02)			0.846*** (6.57)
SIZE	0.632*** (3.76)	0.319*** (3.55)	0.505*** (2.91)	0.044*** (4.13)	0.043*** (4.03)	0.050*** (4.67)
ROA	-12.691** (-2.59)	-14.29*** (-3.05)	-12.890** (-2.62)	-0.379 (-1.18)	-0.348 (-1.08)	-0.199 (-0.62)
LOSS	-1.009 (-1.42)	-1.792** (-2.62)	-1.516** (-2.12)	-0.211*** (-2.98)	-0.214*** (-3.02)	-0.188*** (-2.66)
LEV	-1.507 (-1.39)	-1.358 (-1.39)	-1.807* (-1.77)	0.608*** (5.61)	0.615*** (5.68)	0.618*** (5.72)
STATE	-0.308 (-0.74)	0.046 (0.13)	-0.135 (-0.34)	-0.158*** (-3.71)	-0.150*** (-3.54)	-0.134*** (-3.14)
DUAL	0.151 (0.25)	-0.281 (-0.48)	-0.180 (-0.30)	0.367*** (6.59)	0.363*** (6.52)	0.369*** (6.65)

第六章 地区文化、高管社会关系网络与企业创新

续表

VARIABLES	(1) Lnpatent 设计	(2) Lnpatent 设计	(3) Lnpatent 设计	(4) Lnpatent 非设计	(5) Lnpatent 非设计	(6) Lnpatent 非设计
OUTSIDE_DIRECTOR	4.668 (1.40)	7.572** (2.59)	5.455 (1.68)	0.230 (0.64)	0.224 (0.62)	0.146 (0.41)
M_SHARE	-0.088 (-1.64)	-0.073 (-1.51)	-0.095* (-1.88)	0.030*** (7.47)	0.029*** (7.34)	0.030*** (7.50)
Observations	36	36	36	4407	4407	4408
R^2	0.971	0.974	0.977	0.857	0.857	0.858
p-value	0	0	0	0	0	0

注：*** 表示 p<0.01，** 表示 p<0.05，* 表示 p<0.1。

此外，我们依据《专利法》对企业申请专利的划分方法，将企业所申请的专利划分为发明专利（Innovation）和非发明专利（Non-inv），分别考察设计背景与非设计背景的高管社会关系网络对其的影响是否存在差异。实证研究结果如表6-8及表6-9所示。从表6-8中第（1）栏和第（4）栏的结果可以发现，由设计背景高管社会关系网络对企业发明类创新的影响虽为正，但并不显著（1.237，1.64）；而设计背景高管社会关系网络对企业发明类创新则为显著正向影响（0.267***，4.13），该结果表明不同职业背景的高管社会关系网络对企业发明类创新产出的影响具有显著差异，非设计类高管社会关系网络发挥了更多的促进作用。此外，表6-8中第（3）栏和第（6）栏中交互项 Cinterlock×HC 数据表明了具有设计背景的高管社会关系网络在地区文化影响企业创新中发挥了正向的调节作用，但并不显著（0.263，0.44），具有非设计背景的高管社会关系网络在地区文化影响企业创新中发挥了显著的正向调节作用（0.412***，3.49），结果表明具有非设计背景的高管社会关系网络显著强化了地区文化对企业创新的影响。上述结果说明不同职业背景的高管社会关系网络对企业发明类创新的影响

具有显著的差异,同时在地区文化影响企业发明类创新的机制中发挥的调节作用也存在显著的差异。

表6-8 地区文化、高管社会关系网络与企业发明专利类创新(设计背景与非设计背景)

VARIABLES	(1) Innovation 设计	(2) Innovation 设计	(3) Innovation 设计	(4) Innovation 非设计	(5) Innovation 非设计	(6) Innovation 非设计
Cinterlock	1.237 (1.64)		0.497 (0.56)	0.267*** (4.13)		0.035 (0.38)
HC		-0.694** (-2.26)	-0.739 (-1.43)		0.065* (1.72)	-0.150** (-2.07)
Cinterlock × HC			0.263 (0.44)			0.412*** (3.49)
SIZE	0.430*** (2.86)	0.215** (2.64)	0.329* (2.01)	0.024** (2.47)	0.022** (2.24)	0.028*** (2.91)
ROA	-5.483 (-1.25)	-6.700 (-1.58)	-6.182 (1.33)	-1.009*** (-3.42)	-0.939*** (-3.17)	-0.884*** (-2.98)
LOSS	0.202 (0.32)	-0.354 (-0.57)	-0.185 (-0.28)	-0.238*** (-3.67)	-0.244*** (-3.76)	-0.223*** (-3.44)
LEV	-0.306 (-0.31)	-0.236 (-0.27)	-0.499 (-0.52)	0.310*** (3.12)	0.325*** (3.27)	0.309*** (3.12)
STATE	-0.320 (-0.85)	-0.080 (-0.25)	-0.203 (-0.54)	-0.186*** (-4.78)	-0.169*** (-4.33)	-0.172*** (-4.40)
DUAL	1.248** (2.26)	0.941* (1.77)	1.012* (1.81)	0.341*** (6.67)	0.331*** (6.48)	0.344*** (6.75)
OUTSIDE_DIRECTOR	3.701 (1.24)	5.698** (2.15)	4.495 (1.47)	-0.067 (-0.21)	-0.082 (-0.25)	-0.145 (-0.44)
M_SHARE	0.020 (0.41)	0.029 (0.67)	0.016 (0.34)	0.029*** (8.03)	0.028*** (7.69)	0.029*** (7.99)
Observations	36	36	36	4407	4407	4407
R^2	0.930	0.937	0.939	0.686	0.685	0.687
p-value	0	0	0	0	0	0

注:***表示$p<0.01$,**表示$p<0.05$,*表示$p<0.1$。

第六章 地区文化、高管社会关系网络与企业创新

表 6-9 中列示的是设计背景与非设计背景高管社会关系网络对企业非发明类创新的影响。第（1）栏和第（4）栏的结果表明具有设计背景的高管社会关系网络能够显著促进企业非发明类的创新产出的增加（2.156**，2.37），而非设计背景的高管社会关系网络则对企业非发明类的创新产出没有显著的影响（0.096，1.32），以上结果表明设计背景及非设计背景的高管社会关系网络对企业非发明类创新产出的影响具有显著差异。此外，第（3）栏和第（6）栏的结果中交互项 Cinterlock×HC 是具有不同职业背景的高管社会关系网络在地区文化影响企业非发明类创新中所发挥的调节作用，设计背景的高管社会关系网络在地区文化影响企业非发明专利类创新中发挥了正向的调节作用，但并不显著（0.857，1.35）；而非设计背景的高管社会关系网络在地区文化影响企业非发明专利类创新中发挥了显著的正向调节作用（0.975***，7.33），结果表明具有非设计背景的高管社会关系网络显著强化了地区文化对企业非发明专利类创新的影响。

表 6-9 地区文化、高管社会关系网络与企业非发明专利类创新（设计背景与非设计背景）

VARIABLES	(1) Non–inv 设计	(2) Non–inv 设计	(3) Non–inv 设计	(4) Non–inv 非设计	(5) Non–inv 非设计	(6) Non–inv 非设计
Cinterlock	0.001*** (3.80)		0.001*** (3.81)	0.0001*** (2.85)		0.001*** (2.56)
HC		0.067* (1.90)	0.067* (1.90)		0.047 (1.20)	0.052 (1.31)
Cinterlock×HC			-0.000 (-0.16)			0.002*** (2.94)
SIZE	0.020** (2.22)	0.019** (2.10)	0.022** (2.42)	0.059*** (5.87)	0.057*** (5.74)	0.063*** (6.22)
ROA	-1.104*** (-4.01)	-1.034*** (-3.74)	-1.060*** (-3.82)	-0.129 (-0.42)	-0.076 (-0.24)	-0.032 (-0.10)

续表

VARIABLES	(1) Non-inv 设计	(2) Non-inv 设计	(3) Non-inv 设计	(4) Non-inv 非设计	(5) Non-inv 非设计	(6) Non-inv 非设计
LOSS	-0.268*** (-4.50)	-0.267*** (-4.49)	-0.264*** (-4.43)	-0.289*** (-4.31)	-0.289*** (-4.31)	-0.276*** (-4.12)
LEV	0.342*** (3.70)	0.350*** (3.79)	0.336*** (3.64)	0.650*** (6.25)	0.657*** (6.32)	0.636*** (6.12)
STATE	-0.171*** (-4.70)	-0.156*** (-4.30)	-0.170*** (-4.63)	-0.104** (-2.54)	-0.092** (-2.24)	-0.090** (-2.18)
DUAL	0.330*** (6.92)	0.327*** (6.85)	0.333*** (6.97)	0.366*** (6.83)	0.363*** (6.77)	0.378*** (7.03)
OUTSIDE_DIRECTOR	0.064 (0.21)	-0.132 (-0.43)	0.019 (0.06)	-0.123 (-0.35)	-0.282 (-0.82)	-0.173 (-0.50)
M_SHARE	0.026*** (7.79)	0.026*** (7.64)	0.026*** (7.70)	0.033*** (8.82)	0.033*** (8.71)	0.034*** (8.85)
Observations	5071	5071	5071	5071	5071	5071
R^2	0.685	0.685	0.686	0.697	0.696	0.697
p-value	0	0	0	0	0	0

注：***表示 $p<0.01$，**表示 $p<0.05$，*表示 $p<0.1$。

综合以上将高管社会关系网络分为具有设计背景与非设计背景两个分样本后的实证研究结果，我们发现不同职业类别的高管社会关系网络均对企业创新存在显著的正向促进作用。值得一提的是，其发挥在地区文化与企业创新之间的调节作用存在显著的差异。进一步将企业创新分为发明专利类创新与非发明专利类创新之后，可以发现不同职业类别的高管社会关系网络对企业发明专利类创新的影响存在差异，具有设计背景的高管社会关系网络更能够促进企业非发明专利类创新，而非设计背景的高管社会关系网络则更能够显著促进企业发明类专利类创新。此外，我们发现非设计背景的高管社会关系网络在地区文化影响企业发明类与非发明类创新中均发挥了显著的正向调节的作用，强化了地区文化包容性对企业创新的影响,而设计背景的高管社会关系网络则没有发挥显著的调节作用。究其原因,可能是因为不同职业背景使高管对处理企业创新知识时存在显著的差异,具有设计背景的高管,其在文化包容性强的地区就可以直接获得企业创新需要的思想及文化多样性等资源从而提升企业创新水平,因而其所建立的高管社会关系网络中镶嵌着的相关资源则没有发挥太大的作用;而对于非设计背景的高管,即便其处于地区文化包容性强的地区,也无法直接获得企业创新所需的思想及文化多样性等资源并用于本企业的创新,所以可能非设计背景的高管更加依赖其建立的社会关系网络中镶嵌着的提升企业创新水平的资源,此时,非设计背景的高管社会关系网络发挥了很大的作用。综上所述,不同职业背景的高管社会关系网络对企业创新的影响存在显著的差异,其在地区文化影响企业创新中的调节作用也存在显著差异。

第五节 稳健性检验

一、企业创新产出滞后变量

由于本书使用专利作为企业创新产出的代理变量,往往专利的申请具有滞后性,因此在稳健性检验中,本书使用企业创新产出的滞后 1 期及滞后 2 期作为替换变量,重新对前文的结果进行检验,相关结果如表 6 - 10 所示。表 6 - 10 中第(1)~(3)栏是企业创新产出滞后 1 期的实证检验结果,第(4)~(6)栏中是企业创新产出滞后 2 期的实证检验结果。通过表 6 - 10 中的数据,我们可以发现无论是滞后 1 期还是滞后 2 期,高管社会关系网络与企业创新产出呈显著正相关关系,与前文结论一致,地区文化与企业创新产出呈显著正相关关系,也与前文结果一致。此外,高管社会关系网络在地区文化影响企业创新中发挥正向的调节作用。

表6-10 地区文化、高管社会关系网络与企业创新(滞后1期变量)

VARIABLES	(1) Lnpatent (n=1)	(2) Lnpatent (n=1)	(3) Lnpatent (n=1)	(4) Lnpatent (n=2)	(5) Lnpatent (n=2)	(6) Lnpatent (n=2)
Cinterlock	0.300*** (3.93)		-0.244* (-1.84)	0.149* (1.90)		-0.661*** (-4.72)
HC		0.054 (1.26)	-0.356*** (-3.85)		0.107** (2.33)	-0.492*** (-4.96)
Cinterlock×HC			0.776*** (4.97)			1.136*** (6.86)
SIZE	0.021* (1.94)	0.015 (1.57)	0.027** (2.51)	0.005 (0.40)	0.005 (0.41)	0.009 (0.75)
ROA	0.487 (1.41)	0.586* (1.69)	0.590* (1.71)	-0.788** (-2.11)	-0.694* (-1.86)	-0.568 (-1.52)
LOSS	-0.170** (-2.39)	-0.194*** (-2.75)	-0.154** (-2.17)	-0.312*** (-4.03)	-0.318*** (-4.14)	-0.293*** (-3.82)
LEV	0.738*** (6.52)	0.770*** (6.84)	0.744*** (6.59)	0.397*** (3.25)	0.418*** (3.45)	0.423*** (3.48)
STATE	-0.145*** (-3.28)	-0.134*** (-3.05)	-0.121*** (-2.72)	0.071 (1.48)	0.076 (1.60)	0.096** (2.01)
DUAL	0.252*** (4.44)	0.244*** (4.32)	0.251*** (4.44)	0.302*** (4.94)	0.301*** (4.95)	0.290*** (4.77)
OUTSIDE_DIRECTOR	-1.302*** (-3.58)	-1.331*** (-3.66)	-1.315*** (-3.61)	-1.412*** (-3.56)	-1.485*** (-3.77)	-1.414*** (-3.58)
M_SHARE	0.024*** (6.02)	0.022*** (5.48)	0.024*** (6.02)	0.034*** (7.80)	0.031*** (7.29)	0.034*** (7.86)
Observations	3967	3697	3967	3501	3501	3501
R^2	0.872	0.872	0.873	0.865	0.865	0.867
p-value	0	0	0	0	0	0

注:***表示p<0.01,**表示p<0.05,*表示p<0.1。

对于企业创新中发明专利类创新与非发明专利类创新,本书在稳健性检验中也进行了分析,结果如表6-11所示,结果表明,由滞后1期的企业创新相关代理变量的稳健性检验结论与前文一致。

表6-11 地区文化、高管社会关系网络与企业创新(发明创新与非发明创新)(滞后1期变量)

VARIABLES	(1) Innovation (n=1)	(2) Non-inv (n=1)	(3) Innovation (n=1)	(4) Non-inv (n=1)	(5) Innovationt (n=1)	(6) Non-inv (n=1)
Cinterlock	0.233*** (3.28)	0.370*** (4.58)			-0.163 (-1.32)	-0.164 (-1.17)
HC			0.096** (2.43)	0.068 (1.51)	-0.198** (-2.30)	-0.333*** (-3.41)
Cinterlock×HC					0.556*** (3.82)	0.758*** (4.59)
SIZE	0.001 (0.09)	0.029** (2.50)	-0.002 (-0.21)	0.024** (2.12)	0.005 (0.45)	0.032*** (2.79)
ROA	-0.456 (-1.42)	0.983*** (2.69)	-0.408 (-1.27)	1.110*** (3.04)	-0.350 (-1.09)	1.092*** (2.99)
LOSS	-0.268*** (-4.06)	-0.188** (-2.51)	-0.280*** (-4.27)	-0.216*** (-2.90)	-0.254*** (-3.85)	-0.172** (-2.29)
LEV	0.505*** (4.79)	0.728*** (6.09)	0.543*** (5.19)	0.762*** (6.41)	0.505*** (4.80)	0.733*** (6.14)
STATE	-0.224*** (-5.45)	-0.060 (-1.28)	-0.206*** (-5.07)	-0.046 (-0.98)	-0.204*** (-4.95)	-0.036 (-0.76)
DUAL	0.291*** (5.51)	0.201*** (3.35)	0.278*** (5.30)	0.196*** (3.28)	0.293*** (5.56)	0.201*** (3.35)
OUTSIDE_DIRECTOR	-1.254*** (-3.70)	-1.505*** (-3.91)	-1.311** (-3.88)	-1.518*** (-3.95)	-1.292*** (-3.81)	-1.524*** (-3.96)
M_SHARE	0.026*** (6.87)	0.031*** (7.25)	0.024*** (6.30)	0.028*** (6.67)	0.026*** (6.78)	0.031*** (7.22)

续表

VARIABLES	(1) Innovation (n=1)	(2) Non-inv (n=1)	(3) Innovation (n=1)	(4) Non-inv (n=1)	(5) Innovationt (n=1)	(6) Non-inv (n=1)
Observations	3967	3967	3967	3967	3967	3967
R^2	0.707	0.720	0.705	0.718	0.708	0.721
p-value	0	0	0	0	0	0

注：***表示 $p<0.01$，**表示 $p<0.05$，*表示 $p<0.1$。

对于企业创新中发明专利类创新与非发明专利类创新，本书在稳健性检验中也进行了分析，结果如表6-12所示，结果表明，由滞后2期的企业创新相关代理变量的稳健性检验结论与前文一致。

表6-12 地区文化、高管社会关系网络与企业创新（发明创新与非发明创新）（滞后2期变量）

VARIABLES	(1) Innovation (n=2)	(2) Non-inv (n=2)	(3) Innovation (n=2)	(4) Non-inv (n=2)	(5) Innovationt (n=2)	(6) Non-inv (n=2)
Cinterlock	0.201*** (2.88)	0.221*** (2.69)			-0.295** (-2.36)	-0.647*** (-4.41)
HC			0.170*** (4.17)	0.113** (2.36)	-0.192** (-2.17)	-0.531*** (-5.10)
Cinterlock × HC					0.679*** (4.60)	1.218*** (7.02)
SIZE	-0.026*** (-2.59)	0.025** (2.12)	-0.025** (-2.46)	0.024** (2.05)	-0.021** (-2.07)	0.030** (2.48)
ROA	-2.103*** (-6.31)	-0.024 (-0.06)	-1.999*** (-6.01)	0.089 (0.23)	-1.905*** (-5.72)	0.210 (0.54)
LOSS	-0.338*** (-4.91)	-0.355*** (-4.37)	-0.341** (-4.99)	-0.366*** (-4.54)	-0.322*** (-4.70)	-0.335*** (-4.16)

续表

VARIABLES	(1) Innovation (n=2)	(2) Non-inv (n=2)	(3) Innovation (n=2)	(4) Non-inv (n=2)	(5) Innovationt (n=2)	(6) Non-inv (n=2)
LEV	0.360***	0.364***	0.388***	0.390***	0.370***	0.392***
	(3.30)	(2.84)	(3.60)	(3.06)	(8.38)	(3.07)
STATE	-0.040	0.117**	-0.027	0.128**	-0.021	0.144***
	(-0.93)	(2.34)	(-0.63)	(2.58)	(-0.50)	(2.89)
DUAL	0.278**	0.288**	0.271**	0.287***	0.275***	0.275***
	(5.11)	(4.50)	(5.01)	(4.49)	(5.07)	(4.31)
OUTSIDE_DIRECTOR	-1.557***	-1.409***	-1.606***	-1.458***	-1.559***	-1.410***
	(-4.41)	(-3.39)	(-4.58)	(-3.52)	(-4.54)	(-3.41)
M_SHARE	0.033***	0.038***	0.030***	0.035***	0.032***	0.038***
	(8.48)	(8.30)	(7.78)	(7.75)	(8.38)	(8.40)
Observations	3501	3501	3501	3501	3501	3501
R^2	0.701	0.708	0.701	0.708	0.704	0.713
p-value	0	0	0	0	0	0

注：***表示 $p<0.01$，**表示 $p<0.05$，*表示 $p<0.1$。

二、地区文化替换变量

本书以地区人力资本指数作为地区文化的替换变量，体现了各地区高等教育背景人才的数量，经过实证检验发现，主要结论与前文所述一致，高等教育人数占地区人口总数比例越高，在一定限度上意味着地区文化中的人文环境越好，企业创新产出越高（0.137**，2.04），二者呈显著正相关关系，同时高管社会关系网络对地区文化影响企业创新产出的正向调节作用（0.299***，2.33），即高管社会关系网络显著强化了地区文化对企业创新产出的影响。

表6-13 地区文化、高管社会关系网络与企业创新（人力资本变量）

VARIABLES	(1) Lnpatent	(2) Lnpatent	(3) Lnpatent
Cinterlock	0.137**		0.027
	(2.04)		(0.32)
HH		0.156***	-0.001
		(4.02)	(-0.07)
Cinterlock × HH			0.299**
			(2.33)
SIZE	0.045***	0.045***	0.048***
	(4.55)	(4.02)	(4.87)
ROA	-0.566*	-0.444	-0.483
	(-1.85)	(-1.46)	(-1.58)
LOSS	-0.256***	-0.287***	-0.265***
	(-3.85)	(-4.37)	(-4.00)
LEV	0.614***	0.672***	0.676***
	(5.96)	(6.55)	(6.51)
STATE	-0.148***	-0.136***	-0.143***
	(-3.66)	(-3.38)	(-3.53)
DUAL	0.399***	0.369***	0.392***
	(7.50)	(7.01)	(7.37)
OUTSIDE_DIRECTOR	0.114	0.054	0.000
	(0.34)	(0.16)	(0.000)
M_SHARE	0.030***	0.028***	0.029***
	(7.95)	(7.50)	(7.74)
Observations	4994	4994	4994
R^2	0.855	0.855	0.856
p-value	0	0	00

注：*** 表示 $p<0.01$，** 表示 $p<0.05$，* 表示 $p<0.1$。

在进一步的分析中，将企业创新分为企业发明专利类创新与非发明专利类创新，并以此进行实证分析，结果如表6-14所示，所有结果均与前文主要结论一致。

表6–14 地区文化、高管社会关系网络与企业创新（人力资本变量）

VARIABLES	(1) Innovation	(2) Non–inv	(3) Innovation	(4) Non–inv	(5) Innovation	(6) Non–inv
Cinterlock	0.270***	0.128*			0.196**	-0.055
	(4.35)	(1.85)			(2.46)	(-0.62)
HH			0.075**	0.058	0.002	-0.087
			(2.09)	(1.43)	(0.03)	(-1.05)
Cinterlock × HH					0.206*	0.479***
					(1.73)	(3.61)
SIZE	0.022**	0.056***	0.019**	0.056***	0.025***	0.060***
	(2.45)	(5.53)	(2.04)	(5.53)	(2.71)	(5.89)
ROA	-1.146***	-0.162	-1.052***	-0.084	-1.086***	-0.066
	(-4.04)	(-0.51)	(-3.71)	(-0.27)	(-3.83)	(-0.21)
LOSS	-0.269***	-0.279**	-0.280**	-0.300***	-0.276***	-0.290***
	(-4.36)	(-4.06)	(-4.59)	(-4.42)	(-4.48)	(-4.24)
LEV	0.362***	0.699***	0.390***	0.687***	0.407***	0.770***
	(3.79)	(6.56)	(4.13)	(6.52)	(4.22)	(7.18)
STATE	-0.188***	-0.101**	-0.171***	-0.098**	-0.184***	-0.098**
	(-5.00)	(-2.41)	(-4.59)	(-2.38)	(-4.88)	(-2.34)
DUAL	0.368***	0.401***	0.346***	0.392***	0.363***	0.397***
	(7.46)	(7.28)	(7.05)	(7.20)	(7.34)	(7.21)
OUTSIDE_DIRECTOR	-0.186	-0.244	-0.211	-0.344	-0.265	-0.415
	(-0.59)	(-0.69)	(-0.67)	(-0.98)	(-0.84)	(-1.18)
M_SHARE	0.040***	0.036***	0.028***	0.034***	0.030***	0.035***
	(10.12)	(9.33)	(8.05)	(8.96)	(8.50)	(9.07)
Observations	4994	4994	4994	4994	4994	4994
R^2	0.682	0.694	0.693	0.693	0.682	0.696
p–value	0	0	0	0	0	0

注：*** 表示 $p<0.01$，** 表示 $p<0.05$，* 表示 $p<0.1$。

三、高管社会关系网络替换变量

本书使用了高管社会关系网络的程度中心度作为高管社会关系网络的代理变量,得到的实证检验结果如表6-15所示,总体而言,结论与前文所述一致。

表6-15 地区文化、高管社会关系网络与企业创新(程度中心度)

VARIABLES	(1) Lnpatent	(2) Lnpatent	(3) Lnpatent
Degree	0.001***		0.001***
	(3.26)		(3.03)
HC		0.024	0.026
		(0.62)	(0.69)
Degree×HC			0.001**
			(2.13)
SIZE	0.046***	0.043***	0.048***
	(4.72)	(4.48)	(4.92)
ROA	-0.520*	-0.486	-0.460
	(-1.73)	(-1.61)	(-1.52)
LOSS	-0.256***	-0.267***	-0.256***
	(-4.08)	(-4.19)	(-3.94)
LEV	0.575***	0.586***	0.567***
	(5.71)	(5.82)	(5.63)
STATE	-0.149***	-0.137***	-0.139***
	(-3.76)	(-3.46)	(-3.48)
DUAL	0.374***	0.369***	0.381***
	(7.20)	(7.10)	(7.33)
OUTSIDE_DIRECTOR	0.243	0.086	0.214
	(0.72)	(0.26)	(0.64)

续表

VARIABLES	(1) Lnpatent	(2) Lnpatent	(3) Lnpatent
M_SHARE	0.027***	0.027***	0.027***
	(7.44)	(7.35)	(7.48)
Observations	5071	5071	5071
R^2	0.857	0.857	0.857
p-value	0	0	0

注：***表示 $p<0.01$，**表示 $p<0.05$，*表示 $p<0.1$。

表6-16 地区文化、高管社会关系网络与企业创新（发明创新与非发明创新）

VARIABLES	(1) Innovation	(2) Non-inv	(3) Innovation	(4) Non-inv	(5) Innovation	(6) Non-inv
Degree	0.270***	0.128*			-0.024	-0.480***
	(4.35)	(1.85)			(-0.27)	(-4.84)
HC			0.075**	0.058	-0.199***	-0.506***
			(2.09)	(1.43)	(-2.81)	(-6.42)
Degree×HC					0.520***	1.701***
					(4.58)	(8.51)
SIZE	0.022**	0.056***	0.019**	0.056***	0.028***	0.064***
	(2.45)	(5.53)	(2.04)	(5.53)	(2.99)	(6.27)
ROA	-1.146***	-0.162	-1.052***	-0.084	-1.003***	0.067
	(-4.04)	(-0.51)	(-3.71)	(-0.27)	(-3.52)	(0.21)
LOSS	-0.269***	-0.279**	-0.280**	-0.300***	-0.253***	-0.253***
	(-4.36)	(-4.06)	(-4.59)	(-4.42)	(-4.11)	(-3.70)
LEV	0.362***	0.699***	0.390***	0.687***	0.365***	0.714***
	(3.79)	(6.56)	(4.13)	(6.52)	(3.83)	(6.74)
STATE	-0.188***	-0.101**	-0.171***	-0.098**	-0.172***	-0.072*
	(-5.00)	(-2.41)	(-4.59)	(-2.38)	(-4.58)	(-1.72)
DUAL	0.368***	0.401***	0.346***	0.392***	0.373***	0.407***
	(7.46)	(7.28)	(7.05)	(7.20)	(7.58)	(7.44)

续表

VARIABLES	(1) Innovation	(2) Non-inv	(3) Innovation	(4) Non-inv	(5) Innovation	(6) Non-inv
OUTSIDE_DIRECTOR	-0.186 (-0.59)	-0.244 (-0.69)	-0.211 (-0.67)	-0.344 (-0.98)	-0.289 (-0.92)	-0.394 (-1.13)
M_SHARE	0.040*** (10.12)	0.036*** (9.33)	0.028*** (8.05)	0.034*** (8.96)	0.030*** (8.60)	0.036*** (9.34)
Observations	4994	4994	4994	4994	4994	4994
R^2	0.682	0.694	0.693	0.693	0.683	0.698
p-value	0	0	0	0	0	0

注：***表示$p<0.01$，**表示$p<0.05$，*表示$p<0.1$。

在进一步的分析中，将企业创新分为发明创新与非发明创新，实证检验结果与前文主要结论一致。

第六节 小结

经过实证检验可以发现，高管社会关系网络可以显著促进企业创新，同时地区文化会影响企业创新的水平，此外，我们认为高管社会关系网络对地区文化影响企业创新的机制中具有正向的调节作用，即高管社会关系网络强化了地区文化对企业创新的影响。通过进一步分析，我们发现将企业创新划分为企业发明类创新以及非发明类创新后，高管社会关系网络对二者均呈显著的促进作用，但地区文化对二者的影响存在差异，地区文化显著促进企业发明类创新产出，而对企业非发明类创新没有显著的影响；高管社会关系网络对地区文化影响企业发明类与非发明类创新没有显著的差异，均呈显著的正向调节作用。此外，我们将高管社会关系网络划分为具有设计背景与非设计背景的高管组成的社会关系网络，发现由具有不同职业背景的高管建立的高管社会关系网络，其在发挥地区文化影响企业创新产出的调节作用存在显著的差异，结果表明，具有设计背景的高管社会关系网络在地区文化影响企业创新中发挥了正向的调节作用不显著，具有非设计背景的高管社会关系网络在地区文化影响企业创新中发挥了显著的正向调节作用，意味着具有非设计背景的高管社会关系网络显著强化了地区文化对企业创新的影响。进一步将企业创新分为发明专利类创新与非发明专利类创新之后，具有设计背景的高管社会关系网络更能够促进企业非发明专利类创新，而非设计背景的高管社会关系网络则更能显著促进企业发明专利类创新。此外，我们发现非设计背景的高管社会关系网络在地区文化影响企业发明专利类与非发明专利类创新中均发挥了显著的正向调节的作用，强化了地区文化包容性对企业创新的影响，而设计背景的高管社会关系网络则没有发挥显著的调节作用。

第七章 地区资本市场、高管社会关系网络与企业创新

第一节 概述

中国各地区经济发展程度不同，金融市场发展程度存在显著差异。影响企业创新的因素有人力资本、技术、资金等外部因素。同时，由于企业创新的资金及人力资本投入较大、产出时间较长、收益不确定性较高，从而增加了企业获取创新所需资金的难度。各地区金融市场的发达程度不同，影响地区企业获取资金的渠道及难易程度。从以往的研究结果来看，学者们认为由于企业创新的特殊性，需要长期性的资金支持。相对于内源融资而言，由于企业内部资金的储备可能不足以持续支持企业创新，因此企业趋向于使用外部融资来支持企业创新活动，相比于获取股权融资的难度，企业倾向于选择通过债权融资获取企业创新所需资金。各地区企业通过高管社会关系网络建立彼此间的联系，从而可以获取镶嵌于网络中的各项资源，其中包括获取资金支持的资源，此外处于网络中的高管成员通过互相学习、信息传递等方式，获取相关知识，从而提升决策与经营效率。因此，本书将以高管社会关系网络为研究视角，探索地区金融市场发展程度影响企

业创新的机制，同时分析高管社会关系网络在其中发挥的调节作用。

第二节 文献综述与研究假设

一、资本市场与企业创新

企业创新需要长期资金的支持，而内源融资的局限性，使多数企业只能通过获取外部资金支持其创新活动。此外，由于企业创新具有很强的不确定性，同时外部投资者面临很强的信息不对称程度，因此，企业获得外部资金支持创新业务具有一定难度。地区资本市场的发展程度，一定程度上影响企业获取外部资金。杨理强等（2019）指出金融信贷市场发展、银行业竞争结构、银行信贷获取对企业创新产生一定影响。因此，我们认为在地区资本市场影响企业创新活动方面，主要是从地区资本市场缓解融资约束、降低投资者信息不对称程度等方面，体现了其对企业创新的影响。在缓解融资约束方面，资本市场较发达地区，其金融机构多样化程度较高并且金融中介之间的竞争较强，企业获取资金的渠道相对较多。例如，唐清泉和巫岑（2015）对银行业结构与企业创新之间的关系进行了研究，发现竞争性的市场结构缓解了企业研发投入所面临的融资约束。胡君和郭平（2019）发现对于研发投入强度较高或地区金融发展水平较低的企业，其自主创新受到融资约束的负向影响更大。潘敏和袁歌骋（2019）指出金融中介创新对企业整体技术创新存在倒"U"形的非线性影响，其中金融中介创新缓解了企业面临的融资约束。解维敏和方红星（2011）在文中验证了地区金融发展对企业R&D投入的影响，发现银行业市场化改革的推进、地区金融发展积极地推动中国上市公司的R&D投入的影响。另外，资本市场较发达的地区，金融中介机构数量相对较多，因此其获取各种关于企业信息较为容易，从而降低了投资者与企业之间的信息不对称程度，企业可以获得较低成本的资金用于创新活动。唐清泉和巫岑（2015）认为地区银行业的发展，降低了审批和监督成本，能够对创新融资有正向影响。相对而言，资本市场欠发达地区，由于投资者面临的信息不对称程度较高，企业难以获得低成本的资金支持企业创新活动。唐松等（2020）提出数字金融在金融发展禀赋较差的地区显著提升了企业技术创新。因此，资本市场的不断发展与进步，能够促进企业创新投入以及创新产出水平，从而提升地区经济发展水平。

上述研究从两个角度证明了地区资本市场的发展程度对企业的融资来源、资金成本及融资难易程度产生重要影响。企业创新作为现代企业提升核心竞争力的重要途径之一，地区资本市场的发展对其影响显而易见。此外，无论是企业的经营还是管理层的决策行为，都会受到外界环境因素的影响。基于以上分析，本章提出以下假设：

假设7-1：地区资本市场发展程度显著影响企业创新水平的提升。

二、资本市场、高管社会关系网络与企业创新

公司的管理层通过决策与经营行为使公司作为一名社会成员参与经济的发展与社会的变迁。近些年来，社会关系网络对公司的影响作为新颖的研究视角，引起了社会学及管理学界的关注。通过对一些研究的梳理，我们发现学者们目前比较关注校友网络、同乡网络及董事网络等社会关系网络，各种网络的成员会通过沟通及学习，获取决策所需知识，从而影响公司的行为，其中包括了对企业创新的影响。例如，一些学者认为管理层曾经的从政经历，具备与政府等监管机构建立联系的能力，因此认为企业创新会受到这些管理层的政治关联的影响，但这些研究的结论并不一致；一部分学者认为政治关联从提升知识产权保护的角度有助于企业创新水平的提升（潘红波等，2016），另一部分学者认为政治关联阻碍了企业创新活动（袁建国，2015）。资本市场对企业创新的影响主要是对资金方面，

社会资本理论认为高管社会关系网络中镶嵌着与企业经营与治理相关的各项资源，其中包括了一些与资金相关的资源，例如王营和张光利（2018）从引资与引智的角度研究了民营企业的董事网络对企业创新的影响，发现董事网络显著提高了民营企业的创新水平。因此，我们认为处于高管社会关系网络中的公司成员及高管成员，其能够从网络中获取与资金相关的资源，例如获取资金的渠道或者资金。鉴于中国资本市场发展程度存在差异，对于那些处于资本市场较发达地区的企业更可能获得低成本资金、多种融资渠道来保障企业创新。对于处于资本市场欠发达地区的企业，其面临较高的融资约束水平。因此，具有高管社会关系网络的公司，如果其处于资本市场欠发达地区，那么处于网络中的管理层可以通过其所在的社会关系网络获取其中镶嵌的各项资金资源，从而缓解因外部环境导致的融资约束情况，获得企业创新活动所需资金支持。此外，资本市场欠发达地区的企业融资约束程度较高的另外一个原因为信息不对称程度较高，高管社会关系网络为网络成员提供的信息沟通与交流渠道，显著地降低了公司的信息不对称程度，因此，也可以为公司获得资金支持提供另一个角度的支持。因此，基于以上分析，提出本章第二个假设：

假设7-2：高管社会关系网络在地区资本市场影响企业创新路径中有正向的调节作用。

第三节 研究设计

一、研究样本与数据来源

本书选取2007~2018年沪深A股上市公司的数据作为样本，本书的数据来源于国泰安数据库（CSMAR）、万德数据库（WIND）以及新浪财经网。具体来源及数据处理过程请见第三章内容。

二、变量定义

本章对高管社会关系网络、企业创新的定义和度量与前文一致,具体请见第三章内容。

(1) 地区资本市场发达程度。

在选取资本市场发达程度的代理变量时,本书借鉴了李涛和徐昕(2005)及朱红军等(2006)的方法,使用王小鲁等(2016)《中国分省份市场化指数报告》中所提供的数据,构建各省市的资本市场发达指数。具体度量见第三章内容。

(2) 控制变量。

本书借鉴了以前学者的研究(李春涛和宋敏,2008;Tian and Wang,2014;潘红波,2016),在模型中控制了可能影响企业创新的其他因素,具体包括企业规模、财务杠杆、资产收益率、独立董事比例、管理层持股、亏损、企业性质等,具体指标度量见第四章相关内容。

表 7-1 变量定义

变量名称	符号	变量定义
企业创新	Lnpatent	第 t 年专利申请数量与 1 之和取自然对数
	RD	第 t 年企业研发支出占销售收入的比例
高管社会关系网络	Interlock	虚拟变量,当高管存在社会关系网络时,取值为1,当高管不存在社会关系网络时,取值为0
	C-Interlock	每个公司高管社会关系网络的数量占高管数量的比例
	Degree	程度中心度,计算方法如前文所述
地区资本市场发达程度	Stockmarket	《中国分省份市场化指数报告》中资本市场要素的得分
	HST	虚拟变量,当地区资本市场得分高于中位数时,取值为1,否则取值为0

三、模型构建

本书拟使用模型（1）检验资本市场发达程度对企业创新的影响，通过模型（2）检验高管社会关系网络在地区资本市场发达程度对企业创新的影响机制中发挥的调节作用。此外，由于企业创新产出具有滞后性，因此本书于稳健性检验中将被解释变量替换为滞后1期、滞后2期的变量。

$$Lnpatent_{i,t} = \alpha_0 + \alpha_1 Stockmarket_{i,t} + \alpha_2 SIZE_{i,t} + \alpha_3 ROA_{i,t} + \alpha_4 LOSS_{i,t} + \alpha_5 LEV_{i,t} +$$
$$\alpha_6 STATE_{i,t} + \alpha_7 SHARE_{i,t} + \alpha_8 DUAL_{i,t} + \alpha_9 OUTSIDE\_DIRECTOR_{i,t}$$
$$+ \varepsilon_{i,t} \tag{7-1}$$

$$Lnpatent_{i,t} = \alpha_0 + \alpha_1 Stockmarket_{i,t} + \alpha_2 Stockmarket_{i,t} \times Cinterlock_{i,t} + \alpha_3 Cinterlock_{i,t}$$
$$+ \alpha_4 SIZE_{i,t} + \alpha_5 ROA_{i,t} + \alpha_6 LOSS_{i,t} + \alpha_7 LEV_{i,t} + \alpha_8 STATE_{i,t} +$$
$$\alpha_9 SHARE_{i,t} + \alpha_{10} DUAL_{i,t} + \alpha_{11} OUTSIDE\_DIRECTOR_{i,t} + \varepsilon_{i,t}$$
$$\tag{7-2}$$

第四节 实证研究结果分析

一、描述性统计

表7-2中报告的是各变量的描述性统计结果，表明样本企业中申报专利（Patent）数量的均值为239.900项，其中申请数量最多为4632项，最小为2项。Interlock的结果表明上市公司中平均有98.5%的公司都存在高管社会关系网络。其中每个公司的高管社会关系网络的数量（Cinterlock）的均值为6.252，最小值为1，最大值为16；每个公司高管社会关系网络数量占高管总人数比例（C-Interlock）的均值为55.9%，以上数据表明高管社会关系网络已经成为上市公司普

遍存在的现象。高管社会关系网络的程度中心度的均值为66.686，最小值为0.000，最大值为250.750。地区资本市场发达程度Stockmarket的均值为9.560，最大值为12.230，最小值为3.900。关于高管持股数量（M_SHARE）的数据表明，上市公司高管持股的均值为3309226股，最小值为0股，最大值为308000000股。

表7-2 描述性统计

变量	N	均值	最小值	最大值	中位数
Patent	816	239.900	2.000	4632.000	34.000
Lnpatent	816	3.572	1.099	7.180	3.555
RD	816	0.003	0.000	0.055	0.000
Interlock	816	0.985	0.000	1.000	1.000
C_interlock	816	0.559	0.091	1.067	0.556
Cinterlock	816	6.252	1.000	16.000	6.000
Degree	816	66.686	0.000	250.750	50.000
Stockmarket	816	9.560	3.900	12.230	9.810
HST	816	0.582	0.000	1.000	1.000
SIZE	816	23.158	20.292	26.430	23.107
LEV	816	0.501	0.071	0.862	0.521
LOSS	816	0.108	0.000	1.000	0.000
ROA	816	0.042	-0.149	0.331	0.039
STATE	816	0.388	0.000	1.000	0.000
OUTSIEDE_DIRECTOR	816	0.349	0.300	0.571	0.333
DUAL	816	0.096	0.000	1.000	0.000
M_SHARE	816	3309226.000	0.000	308000000.000	30949.000

二、相关性分析

表 7-3 中报告的是主要变量的相关系数，结果表明企业创新产出与高管社会关系网络在 1% 的水平显著正相关，说明高管社会关系网络能够显著促进企业创新水平的提高，两者之间具有显著的正相关关系。此外，地区资本市场发达程度与企业创新产出在 1%～10% 的显著水平上呈正相关关系，该相关性分析结果支持假设 7-1。

表 7-3 主要变量相关系数

	Lnpatent	RD	Cinterlock	Degree	Stockmarket	HST
Lnpatent	1	0.284***	0.153***	0.245***	0.130***	0.085**
RD	0.043***	1	0.112***	0.145***	-0.248***	-0.180***
Cinterlock	0.032***	-0.018	1	0.760***	0.270***	0.196***
Degree	0.034***	-0.002	0.798***	1	0.315***	0.273***
Stockmarket	0.063*	-0.038	0.298***	0.305***	1	0.862***
HST	0.091***	0.083***	0.256***	0.281***	0.798***	1

注：***、**和*分别表示在 1%、5% 和 10% 的水平上显著，左下角为 Pearson 相关系数，右上角为 Spearman 相关系数。

三、单变量差异分析

表 7-4 的结果是分别对资本市场发达程度较高地区的企业及资本市场发达程度较低地区的企业、有高管社会关系网络的企业以及无高管社会关系网络的企业创新产出及投入的均值进行了 T 检验和 Z 检验，发现二者具有显著差异。首先，通过数据的分析，表明了企业所处地区的资本市场的发达程度对企业创新的影响显著。其次，数据还表明有高管社会关系网络的公司与无高管社会关系网络

的公司间的企业创新具有显著的差异,即高管社会关系网络对企业创新具有显著影响,该结果支持本书的第一个假设。

表7-4 单变量检验

变量		资本市场发达程度高样本组		资本市场发达程度低样本组		T检验	Z检验
		均值	标准差	均值	标准差		
企业创新	Lnpatent	3.689	1.752	2.919	1.116	-6.779***	-5.068***
	RD	0.003	0.009	0.001	0.002	-5.343***	-0.037
		具有高管社会关系网络的样本组		不具有高管社会关系网络样本组		T检验	Z检验
企业创新	Lnpatent	3.210	1.490	2.687	1.142	-4.302***	-3.106***
	RD	0.002	0.009	0.000	0.001	-15.085***	-2.272***

注:***、**和*分别表示在1%、5%和10%的水平上显著。

四、实证检验

(1) 资本市场发达程度与企业创新。

表7-5中第(1)栏的结果表明,高管社会关系网络与企业创新产出(Lnpatent)之间在1%的水平上呈显著正相关关系(0.643***,2.93)。这意味着高管社会关系网络能够促进企业创新。第(2)栏的结果表明,企业所处地区资本市场发达程度与企业创新产出(Lnpatent)在1%的水平上呈显著正相关关系(0.061***,2.88),支持假设7-1。表7-5中第(3)栏中交互项Cinterlock × Stockmarket的结果表明,高管社会关系网络在地区资本市场影响企业创新产出中发挥了正向的调节作用(0.547**,2.48),即高管社会关系网络强化了地区资本市场对企业创新的影响。以上结果支持假设7-2。

表7-5 地区资本市场、高管社会关系网络与企业创新（企业创新产出）

VARIABLES	(1) Lnpatent	(2) Lnpatent	(3) Lnpatent
Cinterlock	0.643***		0.497**
	(2.93)		(2.16)
Stockmarket		0.061***	-0.216**
		(2.88)	(-2.19)
Cinterlock × Stockmarket			0.547**
			(2.48)
SIZE	0.280***	0.292***	0.289***
	(10.28)	(10.57)	(10.51)
ROA	1.239	1.583	1.473
	(1.12)	(1.42)	(1.32)
LOSS	-0.234	-0.212	-0.225
	(-1.37)	(-1.24)	(-1.32)
LEV	-2.009***	-1.630**	-1.787***
	(-5.82)	(-4.60)	(-4.95)
STATE	0.262**	0.278**	0.289***
	(2.44)	(2.58)	(2.68)
DUAL	-1.094***	-1.160***	-1.078***
	(-6.78)	(-7.39)	(-6.69)
OUTSIDE_DIRECTOR	-3.212**	-2.748*	-3.038**
	(-2.17)	(-1.86)	(-2.06)
M_SHARE	0.045***	0.043***	0.044***
	(3.89)	(3.66)	(3.78)
Observations	816	816	816
R^2	0.916	0.916	0.916
p-value	0	0	0

注：***表示$p<0.01$，**表示$p<0.05$，*表示$p<0.1$。

表7-6是地区资本市场、高管社会关系网络与企业创新投入的实证研究结果，表7-6中第（1）栏的结果表明，高管社会关系网络显著促进了企业创新投

入的水平（0.007***，5.12）；第（2）栏的结果表明，地区资本市场与企业创新投入之间虽为正相关关系，但并不显著（0.000，0.46）。第（3）栏中交互项 Cinterlock×Stockmarket 的结果表明，高管社会关系网络在地区资本市场影响企业创新投入中发挥了正向的调节作用（0.003**，2.33），即高管社会关系网络强化了地区资本市场对企业创新投入的影响，上述结果支持本章的假设 7-2。

表7-6 地区资本市场、高管社会关系网络与企业创新（企业创新投入）

VARIABLES	(1) RD	(2) RD	(3) RD
Cinterlock	0.007***		0.007***
	(5.12)		(5.22)
Stockmarket		0.000	-0.002**
		(0.46)	(-2.75)
Cinterlock × Stockmarket			0.003**
			(2.33)
SIZE	0.001***	0.001***	0.001***
	(4.53)	(4.40)	(4.28)
ROA	-0.028***	-0.027***	-0.029***
	(-4.38)	(-4.17)	(-4.48)
LOSS	0.004***	0.005***	0.004***
	(4.41)	(4.49)	(4.38)
LEV	0.008***	0.009***	0.007***
	(3.90)	(4.46)	(3.39)
STATE	-0.002***	-0.002***	-0.002***
	(-3.23)	(-3.54)	(-3.34)
DUAL	-0.003***	-0.004***	-0.003***
	(-3.39)	(-4.74)	(-3.45)
OUTSIDE_DIRECTOR	-0.008	-0.005	-0.009
	(-0.97)	(-0.56)	(-1.04)
M_SHARE	0.000**	0.000*	0.000**
	(2.11)	(1.86)	(2.17)

续表

VARIABLES	(1) RD	(2) RD	(3) RD
Observations	816	816	816
R^2	0.348	0.323	0.349
p – value	0	0	0

注：＊＊＊表示 $p<0.01$，＊＊表示 $p<0.05$，＊表示 $p<0.1$。

（2）进一步分析财务背景高管社会关系网络与非财务背景高管社会关系网络。

企业所处地区资本市场发达程度影响高管社会关系网络中成员获取网络中资源的类型。处于资本市场欠发达地区的企业，企业创新时面临的融资约束程度较高，因此，处于高管社会关系网络中的成员，需要获取与资金相关的各项资源。而企业融资具有一定的专业性，因此，本书将高管社会关系网络划分为具有财务专业背景（学习背景为财务、会计、金融等专业）与非财务背景（学习背景为其他专业）两个类型，并检验了其在资本市场影响企业创新中的调节作用是否存在差异。

首先，表7-7中第（1）栏及第（3）栏中的结果表明了财务背景与非财务背景的高管社会关系网络均对企业创新产出（Lnpatent）产生显著的促进作用（0.907＊＊＊，0.624＊）。表中第（2）栏中交互项 Cinterlock × Stockmarket 的结果为（0.313，0.97），表明高管社会关系网络在资本市场影响企业创新中发挥了正向的调节作用，但并不显著。

以上结果意味着具有财务专业知识的高管所建立的社会关系网络，其中镶嵌着与企业融资等资金业务相关的各项资源，因此处于网络中的其他成员，包括高管及各企业成员，均可以通过网络所提供的信息沟通及学习效应获取相关资源，作为用于本企业与融资相关业务的决策依据，从而提升企业的融资效率，缓解因处于资本市场欠发达地区的客观因素导致的融资约束，进而提升企业创新水平。因此，在具有财务背景的高管社会关系网络其不会显著强化资本市场对企业创新的影响。

表7-7 地区资本市场、高管社会关系网络与企业创新（财务专家与非财务专家）

VARIABLES	(1) Lnpatent（财务）	(2) Lnpatent（财务）	(3) Lnpatent（非财务）	(4) Lnpatent（非财务）
Cinterlock	0.907***	0.917**	0.624*	0.263
	(2.62)	(2.52)	(1.81)	(0.72)
Stockmarket		-0.153		-0.255
		(-1.05)		(-1.43)
Cinterlock × Stockmarket		0.313		0.745*
		(0.97)		(1.88)
SIZE	0.302***	0.302***	0.223***	0.250***
	(6.88)	(6.84)	(5.29)	(5.84)
ROA	-0.190	-0.196	3.160*	3.814**
	(-0.12)	(-0.12)	(1.82)	(2.20)
LOSS	-0.361	-0.362	-0.069	-0.078
	(-1.32)	(-1.32)	(-0.26)	(-0.30)
LEV	-2.076***	-2.089***	-1.603***	-0.910
	(-3.99)	(-3.85)	(-2.80)	(-1.47)
STATE	0.220	0.219	0.287*	0.368**
	(1.34)	(1.32)	(1.77)	(2.23)
DUAL	-1.143***	-1.433***	-0.403	-0.363
	(-6.64)	(-6.62)	(-1.27)	(-1.16)
OUTSIDE_DIRECTOR	-3.791*	-3.813*	-1.596	-1.371
	(-1.81)	(-1.81)	(-0.65)	(-0.57)
M_SHARE	0.030**	0.031*	0.044**	0.045**
	(1.96)	(1.96)	(2.18)	(2.23)
Observations	403	403	323	323
R^2	0.911	0.911	0.918	0.920
p-value	0	0	0	0

注：*** 表示 $p<0.01$，** 表示 $p<0.05$，* 表示 $p<0.1$。

另外,表中第(4)栏中 Cinterlock × Stockmarket 的结果为(0.745*,1.88),表明高管社会关系网络在资本市场影响企业创新中发挥了显著的正向调节作用。以上结果意味着由非财务专业背景的高管所建立的社会关系网络,其中不具备与资金业务相关的各项资源,网络中的其他成员无法通过网络获取缓解由资本市场导致的融资约束情况。因此,非财务背景专业的高管社会关系网络,显著强化了地区资本市场对企业创新的影响,在二者的关系中发挥了显著的正向调节作用。

其次,表7-8中第(1)、(3)栏中的结果表明了财务背景与非财务背景的高管社会关系网络均对企业创新投入(RD)产生显著的促进作用(0.907***,0.624*)。表中第(2)栏中交互项 Cinterlock × Stockmarket 的结果为(-0.000,-0.28),表中第(4)栏中 Cinterlock × Stockmarket 的结果为(0.005*,1.87),以上结果与表7-7中结论一致,即财务背景的高管社会关系网络没有在地区资本市场影响企业创新投入中发挥显著的调节作用,而非财务背景的高管社会关系网络则在二者的关系中发挥了显著的强化作用。

总体而言,通过表7-7和表7-8的实证研究结果及结论,我们发现不同职业背景的高管社会关系网络在对地区资本市场影响企业创新中发挥的调节作用存在显著的差异。

表7-8 地区资本市场、高管社会关系网络与企业创新(财务专家与非财务专家)

VARIABLES	(1) RD (财务)	(2) RD (财务)	(3) RD (非财务)	(4) RD (非财务)
Cinterlock	0.004** (2.52)	0.005*** (3.04)	0.009*** (3.42)	0.009*** (3.33)
Stockmarket		-0.000 (-0.16)		-0.003** (-2.06)

续表

VARIABLES	(1) RD (财务)	(2) RD (财务)	(3) RD (非财务)	(4) RD (非财务)
Cinterlock × Stockmarket		-0.000 (-0.28)		0.005* (1.87)
SIZE	0.000** (2.34)	0.000** (2.18)	0.001*** (2.94)	0.001*** (2.77)
ROA	-0.003 (-0.47)	-0.004 (-0.56)	-0.062*** (-4.90)	-0.062*** (-4.90)
LOSS	0.003** (2.57)	0.003** (2.48)	0.003 (1.61)	0.003 (1.61)
LEV	0.008*** (3.61)	0.007*** (2.92)	0.007* (1.65)	0.006 (1.36)
STATE	-0.001 (-1.17)	-0.001 (-1.41)	-0.002 (-1.48)	0.368** (2.23)
DUAL	-0.003*** (-3.34)	-0.003*** (-3.49)	-0.001 (-0.23)	-0.002 (-1.52)
OUTSIDE_DIRECTOR	-0.011 (-1.22)	-0.013 (-1.47)	0.006 (0.32)	0.005 (0.31)
M_SHARE	0.000 (1.46)	0.000 (1.45)	0.000* (1.82)	0.002* (1.82)
Observations	403	403	323	323
R^2	0.270	0.276	0.383	0.381
p-value	0	0	0	0

注：***表示 $p<0.01$，**表示 $p<0.05$，*表示 $p<0.1$。

(3) 进一步分析资本市场发达与资本市场欠发达。

企业所处地区的资本市场发展程度存在差异，企业获取资金的难易程度也受到资本市场的影响，进而影响企业创新投入及企业创新产出。高管社会关系网络可以为处于网络中的成员提供镶嵌的各项与资金相关的资源，从而可以为企业提供用于创新的资金。因此，本书将探索高管社会关系网络在资本市场发达地区与欠发达地区影响企业创新中的调节作用是否具有差异，表7-9及表7-10为实证检验结果。首先，表7-9中第（1）栏及第（3）栏中的结果，高管社会关系网络对企业创新的影响相同，高管社会关系网络显著提升了企业创新产出水平（0.723**，0.735**）。表7-9中第（2）栏及第（4）栏中的交互项Cinterlock × Stockmarket的结果表明高管社会关系网络在资本市场发达与欠发达地区影响企业创新中发挥的调节作用存在显著的差异（0.167，0.668**）。上述结果意味着如果企业处于资本市场发达地区，会为企业获取资金支持带来便利，从而缓解了企业创新所面临的融资约束。那么高管社会关系网络通过使网络成员获取镶嵌于网络中的资金相关的资源而缓解企业对资金的需求，企业通过资本市场就可以获得所需资金，因此高管社会关系网络没有显著发挥在两者之间的调节作用。另外，对于处于资本市场欠发达地区的企业，企业不能通过资本市场获取资金，进而缓解企业创新面临的融资约束。此时，高管社会关系网络中的成员可以通过获取网络中镶嵌的相关资源，进而获取资金支持，提升企业创新水平。因此，在资本市场欠发达地区的高管社会关系网络在资本市场影响企业创新中发挥了显著的正向调节作用。

表7-9 地区资本市场、高管社会关系网络与企业创新（资本市场发达与资本市场不发达）

VARIABLES	(1) Lnpatent （发达）	(2) Lnpatent （发达）	(3) Lnpatent （不发达）	(4) Lnpatent （不发达）
Cinterlock	0.723** (2.30)	0.611* (1.95)	0.735** (2.18)	-0.328 (-0.93)
Stockmarket		0.182 (1.13)		-0.439*** (-2.99)

续表

VARIABLES	(1) Lnpatent (发达)	(2) Lnpatent (发达)	(3) Lnpatent (不发达)	(4) Lnpatent (不发达)
Cinterlock × Stockmarket		0.167		0.668**
		(0.39)		(2.05)
SIZE	0.177***	0.193***	0.339***	0.317***
	(4.61)	(5.03)	(6.21)	(5.85)
ROA	3.197	2.765	−0.509	−0.446
	(1.48)	(1.29)	(−0.42)	(−0.37)
LOSS	−0.215	−0.127	−0.360*	−0.238
	(−0.80)	(−0.47)	(−1.66)	(−1.09)
LEV	−0.963**	−0.645	−1.193*	−1.672***
	(−1.99)	(−1.32)	(−1.89)	(−2.61)
STATE	0.212	0.128**	0.216*	0.122
	(1.32)	(0.80)	(1.66)	(0.93)
DUAL	−1.236***	−1.293***	−1.132***	−1.278***
	(−3.49)	(−3.69)	(−7.07)	(−6.98)
OUTSIDE_DIRECTOR	−11.687***	−10.154***	−0.443	−0.695
	(−5.10)	(−4.38)	(−0.24)	(−0.38)
M_SHARE	0.044**	0.046***	−0.016	−0.008
	(2.57)	(2.70)	(−0.94)	(−0.52)
Observations	411	411	405	405
R^2	0.930	0.932	0.928	0.930
p-value	0	0	0	0

注：***表示 $p<0.01$，**表示 $p<0.05$，*表示 $p<0.1$。

其次，表7-10中第（1）、（3）栏中的结果表明了资本市场发达与资本市场欠发达地区的高管社会关系网络均对企业创新投入（RD）产生显著的促进作用（0.010**，0.002*）。表中第（2）栏中交互项 Cinterlock × Stockmarket 的结果为（−0.002，−0.92），表中第（4）栏中 Cinterlock × Stockmarket 的结果为

(0.003***,4.11),以上结果与表7-9中结论一致,即高管社会关系网络在地区资本市场欠发达影响企业创新投入中发挥显著的正向调节作用,而高管社会关系网络则在地区资本市场发达影响企业创新投入中没有发挥显著的调节作用。

表7-10 地区资本市场、高管社会关系网络与企业创新(资本市场发达与资本市场不发达)

VARIABLES	(1) RD (发达)	(2) RD (发达)	(3) RD (不发达)	(3) RD (不发达)
Cinterlock	0.010** (5.35)	0.010*** (5.21)	0.002* (1.79)	0.004*** (4.24)
Stockmarket		0.002 (1.62)		-0.001*** (-2.70)
Cinterlock × Stockmarket		-0.004 (-1.39)		0.003*** (4.11)
SIZE	0.000 (0.46)	0.000 (0.57)	0.001*** (4.90)	0.001*** (4.32)
ROA	-0.145*** (-10.80)	-0.146*** (10.83)	0.006 (1.63)	0.006* (1.85)
LOSS	-0.001 (-0.87)	-0.001 (-0.77)	-0.001 (-1.41)	-0.000 (-0.28)
LEV	0.007** (2.36)	0.008** (2.49)	-0.001 (-0.36)	-0.003** (-1.97)
STATE	-0.005** (-2.36)	-0.006*** (-5.49)	0.002*** (4.44)	0.001*** (3.09)
DUAL	-0.004** (-2.01)	-0.005** (-2.05)	-0.003*** (-5.97)	-0.003*** (-5.96)
OUTSIDE_DIRECTOR	-0.069*** (-4.84)	-0.066*** (-4.54)	-0.008 (-1.41)	-0.009* (-1.80)
M_SHARE	-0.000** (-2.43)	-0.002** (-2.40)	-0.000 (-1.31)	-0.000 (-0.47)

续表

VARIABLES	(1) RD （发达）	(2) RD （发达）	(3) RD （不发达）	(3) RD （不发达）
Observations	411	411	405	405
R^2	0.583	0.583	0.638	0.681
p – value	0	0	0	0

注：*** 表示 p < 0.01，** 表示 p < 0.05，* 表示 p < 0.1。

总体而言，通过表 7-9 及表 7-10 的实证研究结果及结论，我们发现在资本市场发展程度不同的地区，高管社会关系网络在资本市场影响企业创新中发挥的调节作用存在显著的差异。

（4）进一步分析大规模企业与小规模企业。

吕劲松（2015）指出中小企业资金渠道有限，郭斌和刘曼路（2002）认为，由于中小企业信息不对称程度较高，难以从资本市场获取资金资源。因此，大规模企业与小规模企业从资本市场获取资金支持存在差异。因此，本书将探索高管社会关系网络以及地区资本市场发展程度对不同规模企业的企业创新水平的影响。本书将设置企业规模的虚拟变量，当企业规模大于中位数时，取值为1，当企业规模小于1时，取值为0。表 7-11 及表 7-12 中报告相关的实证研究结果。

首先，在表 7-11 中第（1）、（3）栏中的数据表明，高管社会关系网络对大规模企业及小规模企业的企业创新产出水平均有显著的提升作用（0.838***，1.521***）。表中第（2）、（4）栏中的交互项 Cinterlock × Stockmarket 的结果表明高管社会关系网络在资本市场影响企业创新中的调节作用具有显著的差异（0.312，0.606**）。上述结果意味着如果企业的规模较小，则其所处地区的资本市场发达程度对其获取资金的影响较大。此时，高管社会关系网络中的成员可以通过获取镶嵌于网络中的与获取资金相关的资源，缓解企业面临的融资约束，进而提升企业创新产出水平,此时高管社会关系网络在资本市场对企业创新的影响中发挥了显著的正向调节作用,即强化了资本市场影响小规模企业的企业创新产出水平。反之,当企业规模较大时,其从资本市场获取资金的能力也相对较强。规模较大的企业直接通过资本市场就可以获得所需资金,因此高管社会关系网络没有显著发挥在二者之间的调节作用。

表7-11 地区资本市场、高管社会关系网络与企业创新(大规模企业与小规模企业)

VARIABLES	(1) Lnpatent（大规模）	(2) Lnpatent（大规模）	(3) Lnpatent（小规模）	(4) Lnpatent（大规模）
Cinterlock	0.838*** (2.97)	1.024*** (3.66)	1.521*** (4.98)	0.661* (1.72)
Stockmarket		-0.262** (-2.49)		-0.172 (-1.46)
Cinterlock × Stockmarket		0.312 (1.30)		0.606** (2.35)
SIZE	0.103*** (2.71)	0.060 (1.55)	0.108** (2.07)	0.125** (2.38)
ROA	-5.481*** (-3.67)	-5.815*** (-3.97)	5.292*** (3.67)	6.364*** (4.54)
LOSS	-0.705*** (-3.20)	-0.666*** (-3.09)	0.122 (0.58)	0.360* (1.74)
LEV	0.471 (1.18)	-0.075 (-0.18)	-0.605 (-1.01)	0.062 (0.11)
STATE	-0.716*** (-5.67)	-0.827*** (-6.56)	0.488*** (3.22)	0.585*** (3.79)
DUAL	-2.602*** (-13.30)	-2.568*** (-13.41)	-0.109 (-0.49)	0.067 (0.30)
OUTSIDE_DIRECTOR	6.050*** (2.92)	6.509*** (3.20)	-6.708*** (-3.61)	-5.896*** (-3.58)

续表

VARIABLES	(1) Lnpatent (大规模)	(2) Lnpatent (大规模)	(3) Lnpatent (小规模)	(4) Lnpatent (大规模)
M_SHARE	0.103**	0.101***	0.075***	0.076***
	(5.89)	(5.93)	(4.86)	(4.88)
Observations	410	410	406	406
R^2	0.961	0.962	0.907	0.906
p-value	0	0	0	0

注：*** 表示 $p<0.01$，** 表示 $p<0.05$，* 表示 $p<0.1$。

其次，表7-12中第（1）栏及第（3）栏中的结果表明了无论企业规模大小，高管社会关系网络均对企业创新投入（RD）产生显著的促进作用（0.005***，0.008***）。表中第（2）栏中交互项 Cinterlock × Stockmarket 的结果为（-0.004***，-4.43），表中第（4）栏中 Cinterlock × Stockmarket 的结果为（0.009***，4.63），以上结果与表7-11中结论一致，即高管社会关系网络在地区资本市场影响规模较小企业的企业创新投入中发挥显著的正向调节作用，而高管社会关系网络则在地区资本市场影响规模较大企业的企业创新投入中发挥了显著的负向调节作用，也即降低了资本市场对企业创新的影响。

表7-12 地区资本市场、高管社会关系网络与企业创新（大规模企业与小规模企业）

VARIABLES	(1) RD (大规模)	(2) RD (大规模)	(3) RD (小规模)	(4) RD (大规模)
Cinterlock	0.005***	0.007***	0.008***	0.003
	(3.96)	(5.96)	(4.33)	(1.22)
Stockmarket		0.001**		-0.004***
		(2.20)		(-3.84)

续表

VARIABLES	(1) RD (大规模)	(2) RD (大规模)	(3) RD (小规模)	(4) RD (大规模)
Cinterlock × Stockmarket		-0.004*** (-4.33)		0.009*** (4.63)
SIZE	-0.001*** (-4.00)	-0.001*** (-6.99)	0.002*** (7.38)	0.003*** (7.80)
ROA	0.031*** (4.72)	0.028*** (4.77)	-0.055*** (-6.07)	-0.057*** (-6.30)
LOSS	-0.000 (-0.29)	0.000 (0.11)	0.006*** (4.20)	0.006*** (4.55)
LEV	0.013*** (7.13)	0.007*** (4.51)	-0.011*** (-2.90)	-0.011*** (-2.93)
STATE	0.002*** (3.97)	0.001** (2.30)	-0.003*** (-3.40)	-0.003*** (-2.72)
DUAL	-0.002** (-2.37)	-0.002** (-2.24)	-0.002 (-1.38)	-0.001 (-0.97)
OUTSIDE_DIRECTOR	-0.004 (-0.46)	0.000 (0.02)	-0.027** (-2.29)	-0.024** (-2.03)
M_SHARE	-0.000 (-0.47)	-0.000 (-0.75)	0.000** (2.09)	0.000* (1.75)
Observations	410	410	406	406
R^2	0.628	0.706	0.515	0.530
p-value	0	0	0	0

注：***表示 $p<0.01$，**表示 $p<0.05$，*表示 $p<0.1$。

总体而言，通过表7-11及表7-12的实证研究结果及结论，我们发现对规模不同的企业，高管社会关系网络在资本市场影响企业创新中发挥的调节作用存在显著的差异。

地区环境差异、高管社会关系网络与企业创新

第五节 稳健性检验

一、企业创新产出滞后变量

由于本书使用专利作为企业创新产出的代理变量，往往专利的申请具有滞后性，因此在稳健性检验中，本书使用企业创新产出的滞后1期及滞后2期作为替换变量，重新对前文的结果进行检验，相关结果如表7-13所示。表7-13中第（1）～（3）栏是企业创新产出滞后1期的实证检验结果，第（4）～（6）栏是企业创新产出滞后2期的实证检验结果。通过表中的数据，我们发现无论是滞后1期还是滞后2期，高管社会关系网络与企业创新产出呈显著正相关关系，与前文结论一致，地区资本市场发展程度与企业创新产出呈显著正相关关系，也与前文结果一致。此外，高管社会关系网络在地区资本市场影响企业创新中发挥正向的调节作用。

表7-13 地区资本市场、高管社会关系网络与企业创新（企业创新产出）

VARIABLES	(1) Lnpatent (n=1)	(2) Lnpatent (n=1)	(3) Lnpatent (n=1)	(4) Lnpatent (n=2)	(5) Lnpatent (n=2)	(6) Lnpatent (n=2)
Cinterlock	0.895*** (3.68)		0.776** (3.05)	0.730*** (2.89)		0.851*** (3.25)
Stockmarket		0.060*** (2.57)	-0.434*** (-5.10)		-0.023 (-0.92)	-0.195* (-1.75)
Cinterlock×Stockmarket			0.985*** (5.18)			0.312* (1.69)

续表

VARIABLES	(1) Lnpatent (n=1)	(2) Lnpatent (n=1)	(3) Lnpatent (n=1)	(4) Lnpatent (n=2)	(5) Lnpatent (n=2)	(6) Lnpatent (n=2)
SIZE	0.270***	0.292***	0.281***	0.168***	0.166***	0.155***
	(9.11)	(9.61)	(9.23)	(5.52)	(5.32)	(4.98)
ROA	2.585**	3.015***	2.780**	-3.802***	-3.982***	-4.087***
	(2.22)	(2.57)	(2.38)	(-3.19)	(-3.92)	(-3.40)
LOSS	0.540***	0.574***	0.539**	-0.480***	-0.482***	-0.491***
	(2.92)	(3.10)	(2.38)	(-2.61)	(-2.60)	(-2.67)
LEV	-1.593***	-1.253***	-1.428***	-1.059***	-1.125***	-1.230***
	(-4.38)	(-3.33)	(-3.77)	(-2.82)	(-2.83)	(-3.26)
STATE	0.559***	0.548***	0.574***	0.795***	0.762***	0.783***
	(4.85)	(4.72)	(4.97)	(6.61)	(6.29)	(6.50)
DUAL	-0.986***	-1.143***	-0.985***	-0.884***	-1.082***	-0.904***
	(-5.60)	(-6.76)	(-5.60)	(-4.56)	(-5.77)	(-4.66)
OUTSIDE_DIRECTOR	-0.263	-0.161*	-0.510	3.012	3.659**	3.149*
	(-0.15)	(-1.82)	(-0.28)	(1.64)	(1.99)	(1.71)
M_SHARE	0.063***	0.051***	0.060***	0.795***	0.073***	0.083***
	(4.39)	(3.61)	(4.15)	(5.28)	(4.86)	(5.46)
Observations	742	742	742	676	676	676
R^2	0.914	0.913	0.914	0.915	0.914	0.915
p-value	0	0	0	0	0	0

注：***表示 $p<0.01$，**表示 $p<0.05$，*表示 $p<0.1$。

对于将高管社会关系网络按照是否与财务专业相关划分为财务背景的高管社会关系网络与非财务背景的高管社会关系网络，本书在稳健性检验中也进行了分析，结果如表7－14所示，结果表明，由滞后1期的企业创新相关代理变量的稳健性检验结论与前文一致。

表7-14 地区资本市场、高管社会关系网络与企业创新(财务专家与非财务专家)

VARIABLES	(1) Lnpatent (n=1) 财务	(2) Lnpatent (n=1) 财务	(3) Lnpatent (n=1) 非财务	(4) Lnpatent (n=1) 非财务
Cinterlock	1.023**	0.907**	0.938***	0.842**
	(2.49)	(2.09)	(2.65)	(2.24)
Stockmarket		-0.401***		-0.308*
		(-3.06)		(-1.86)
Cinterlock × Stockmarket		0.905		0.703*
		(1.10)		(1.89)
SIZE	0.288***	0.294***	0.215***	0.224***
	(5.80)	(5.86)	(4.80)	(4.84)
ROA	1.051	1.120	4.818***	5.017***
	(0.59)	(0.63)	(2.75)	(2.83)
LOSS	0.378	0.386	0.680**	0.675**
	(1.22)	(1.24)	(2.42)	(2.40)
LEV	-1.460***	-1.317**	-1.264**	-1.083*
	(-2.57)	(-2.22)	(-2.16)	(-1.71)
STATE	0.442**	0.449**	0.565***	0.589***
	(2.39)	(2.43)	(3.43)	(3.51)
DUAL	-1.183***	-1.183***	-0.599*	-0.591*
	(-4.82)	(-4.81)	(-1.89)	(-1.87)
OUTSIDE_DIRECTOR	-1.579	-1.789	-0.241	-0.315
	(-0.55)	(-0.62)	(-0.09)	(-0.11)
M_SHARE	0.060***	0.058***	0.050**	0.050**
	(2.87)	(2.77)	(2.28)	(2.26)
Observations	360	360	301	301
R^2	0.904	0.904	0.920	0.920
p-value	0	0	0	0

注:***表示$p<0.01$,**表示$p<0.05$,*表示$p<0.1$。

表7-15中报告的是由滞后2期的企业创新带来变量的稳健性检验,结论与前文一致。

表7-15 地区资本市场、高管社会关系网络与企业创新（财务专家与非财务专家）

VARIABLES	(1) Lnpatent (n=2) 财务	(2) Lnpatent (n=2) 财务	(3) Lnpatent (n=2) 非财务	(4) Lnpatent (n=2) 非财务
Cinterlock	1.034**	0.722*	0.866**	0.931**
	(2.40)	(1.68)	(2.06)	(2.26)
Stockmarket		-0.235		0.013
		(-1.52)		(0.07)
Cinterlock × Stockmarket		0.401		0.149*
		(1.15)		(1.86)
SIZE	0.190***	0.181***	0.086*	0.067
	(4.00)	(3.77)	(1.72)	(1.28)
ROA	-6.601***	-6.780***	-1.581	-2.024
	(-3.74)	(-3.83)	(-0.83)	(-1.05)
LOSS	-0.928***	-0.955***	-0.312	-0.320
	(-3.74)	(-3.13)	(-1.06)	(-1.09)
LEV	-1.121**	-1.350**	-0.062	-0.441
	(-1.99)	(-2.25)	(-0.10)	(-0.65)
STATE	0.848**	0.846***	0.817***	0.769***
	(4.59)	(4.58)	(4.47)	(4.14)
DUAL	-1.125***	-1.239***	-0.527	-0.527
	(-4.66)	(-4.74)	(-1.43)	(-1.43)
OUTSIDE_DIRECTOR	3.904	3.987	1.294	1.307
	(1.40)	(1.43)	(0.44)	(0.44)
M_SHARE	0.045***	0.069***	0.075***	0.077***
	(3.89)	(3.23)	(3.06)	(3.12)
Observations	322	322	275	275
R^2	0.913	0.914	0.911	0.912
p-value	0	0	0	0

注：***表示$p<0.01$，**表示$p<0.05$，*表示$p<0.1$。

对于将地区资本市场划分为发达与欠发达地区,本书在稳健性检验中也进行了分析,结果如表7-16及表7-17所示,结果表明,由滞后1期及滞后2期的企业创新相关代理变量的稳健性检验结论与前文一致。

表7-16 地区资本市场、高管社会关系网络与企业创新
(资本市场发达与资本市场不发达)

VARIABLES	(1) Lnpatent (n=1) 发达	(2) Lnpatent (n=1) 发达	(3) Lnpatent (n=1) 不发达	(4) Lnpatent (n=1) 不发达
Cinterlock	1.009 *** (3.07)	0.893 *** (2.71)	0.737 ** (1.98)	-0.828 ** (-2.10)
Stockmarket		0.133 (0.86)		-0.864 *** (-5.49)
Cinterlock × Stockmarket		0.180 * (1.86)		1.568 *** (4.62)
SIZE	0.154 *** (3.72)	0.173 *** (4.15)	0.588 *** (11.94)	0.3369 *** (6.06)
ROA	7.737 *** (3.59)	7.145 *** (3.32)	-0.489 (-0.37)	-1.095 (-0.86)
LOSS	0.982 *** (3.59)	0.998 *** (3.67)	0.751 *** (2.92)	0.553 ** (2.19)
LEV	-1.054 *** (-3.06)	-1.787 *** (-4.95)	-1.513 ** (-2.17)	-1.270 * (-1.82)
STATE	0.256 (1.56)	0.154 (0.91)	0.931 *** (6.56)	0.687 *** (4.84)
DUAL	-0.613 (-1.64)	-0.708 * (-1.89)	-1.103 *** (-5.64)	-1.449 *** (-7.10)
OUTSIDE_DIRECTOR	-9.488 *** (-3.99)	-8.454 *** (-3.52)	9.243 *** (3.63)	7.579 *** (2.97)

第七章 地区资本市场、高管社会关系网络与企业创新

续表

VARIABLES	(1) Lnpatent (n=1) 发达	(2) Lnpatent (n=1) 发达	(3) Lnpatent (n=1) 不发达	(4) Lnpatent (n=1) 不发达
M_SHARE	0.113***	0.105***	-0.102	-0.033*
	(5.21)	(4.85)	(-0.92)	(-1.74)
Observations	389	389	353	353
R^2	0.927	0.928	0.931	0.937
p-value	0	0	0	0

注：*** 表示 $p<0.01$，** 表示 $p<0.05$，* 表示 $p<0.1$。

表7-17 地区资本市场、高管社会关系网络与企业创新

（资本市场发达与资本市场不发达）

VARIABLES	(1) Lnpatent (n=2) 发达	(2) Lnpatent (n=2) 发达	(3) Lnpatent (n=2) 不发达	(4) Lnpatent (n=2) 不发达
Cinterlock	0.869***	0.846**	1.112***	-0.428
	(2.62)	(2.52)	(2.79)	(-1.07)
Stockmarket		0.274*		-0.058
		(1.65)		(-0.32)
Cinterlock×Stockmarket		-0.478		0.318*
		(-1.04)		(1.71)
SIZE	0.040	0.045	0.168**	0.121*
	(0.97)	(1.05)	(2.42)	(1.82)
ROA	-5.798***	-5.881***	-5.385***	-5.104***
	(-2.58)	(-2.61)	(-3.99)	(-3.97)
LOSS	-0.530*	-0.522*	-0.301	-0.158
	(-1.85)	(-1.82)	(-1.13)	(-0.62)
LEV	-2.071***	-2.025***	-1.166	-2.294***
	(-4.14)	(-3.97)	(-1.54)	(-3.06)

续表

VARIABLES	(1) Lnpatent (n=2) 发达	(2) Lnpatent (n=2) 发达	(3) Lnpatent (n=2) 不发达	(4) Lnpatent (n=2) 不发达
STATE	0.328* (1.96)	0.308* (1.79)	1.010*** (6.61)	0.799*** (5.30)
DUAL	0.351 (0.85)	0.335 (0.81)	-2.059*** (-8.01)	-2.080*** (-8.50)
OUTSIDE_DIRECTOR	-1.986 (-0.82)	-1.743 (-0.71)	0.224 (0.09)	2.709 (1.09)
M_SHARE	0.118*** (4.98)	0.117*** (4.89)	-0.035 (-1.59)	-0.034 (-1.64)
Observations	376	376	300	300
R^2	0.925	0.925	0.934	0.943
p-value	0	0	0	0

注：***表示 $p<0.01$，**表示 $p<0.05$，*表示 $p<0.1$。

对于公司规模对企业创新获得资金支持的影响，本书将样本公司按照规模分为大规模与小规模公司在稳健性检验中也进行了分析，结果如表7-18所示，实证研究结果表明，由滞后1期的企业创新相关代理变量的稳健性检验结论与前文一致。

表7-18 地区资本市场、高管社会关系网络与企业创新（大规模与小规模，滞后1期）

续表 VARIABLES	(1) Lnpatent (n=1) 大规模	(2) Lnpatent (n=1) 大规模	(3) Lnpatent (n=1) 大规模	(4) Lnpatent (n=1) 大规模
Cinterlock	1.908*** (5.43)	2.133*** (6.48)	1.550*** (5.50)	-0.146 (-0.41)

续表

VARIABLES	(1) Lnpatent (n=1) 大规模	(2) Lnpatent (n=1) 大规模	(3) Lnpatent (n=1) 大规模	(4) Lnpatent (n=1) 大规模
Stockmarket		-0.405**		-0.131
		(-3.47)		(-1.20)
Cinterlock × Stockmarket		0.392		0.802***
		(1.49)		(3.41)
SIZE	0.062	-0.012	0.137***	0.177***
	(1.31)	(-0.27)	(2.84)	(3.77)
ROA	-5.982***	-7.264***	5.840***	6.698***
	(-3.47)	(-4.49)	(4.47)	(5.42)
LOSS	1.003***	1.169***	0.474**	0.763***
	(3.66)	(4.55)	(2.40)	(4.12)
LEV	1.113**	-0.017	-0.570	0.110
	(2.40)	(-0.04)	(-1.40)	(0.22)
STATE	-0.229	-0.367**	0.631***	0.826***
	(-1.51)	(-2.57)	(4.48)	(6.02)
DUAL	-2.562***	-2.447***	-0.216	0.202
	(-11.50)	(-11.74)	(-0.94)	(0.92)
OUTSIDE_DIRECTOR	6.718***	8.866***	-7.138***	-7.042***
	(2.81)	(3.94)	(-3.47)	(-3.63)
M_SHARE	0.186***	0.188***	0.061***	0.057***
	(8.33)	(9.00)	(3.69)	(3.65)
Observations	385	385	357	357
R^2	0.952	0.958	0.928	0.933
p-value	0	0	0	0

注：***表示 p<0.01，**表示 p<0.05，*表示 p<0.1。

表7-19中报告的是由滞后2期的企业创新带来变量的稳健性检验，结论与前文一致。

表 7-19 地区资本市场、高管社会关系网络与企业创新

（大规模与小规模，滞后 2 期）

VARIABLES	(1) Lnpatent (n=2) 小规模	(2) Lnpatent (n=2) 小规模	(3) Lnpatent (n=2) 小规模	(4) Lnpatent (n=2) 小规模
Cinterlock	1.314***	1.364***	0.832***	-0.252
	(3.38)	(3.96)	(3.24)	(-0.77)
Stockmarket		-0.406***		0.582***
		(-3.36)		(4.52)
Cinterlock × Stockmarket		0.115		0.829***
		(0.42)		(2.89)
SIZE	0.105**	0.020	-0.008	0.025
	(2.09)	(0.47)	(-0.18)	(0.57)
ROA	-10.489***	-12.854***	-4.700***	-4.488***
	(-5.28)	(-7.46)	(-3.98)	(-3.95)
LOSS	-0.706**	-0.452	-0.725***	-0.613***
	(-2.21)	(-1.64)	(-4.19)	(-3.65)
LEV	1.207**	-0.872*	-2.353***	-2.014***
	(2.29)	(-1.77)	(-4.77)	(-4.20)
STATE	0.217	0.044	0.887***	1.014***
	(1.24)	(0.29)	(6.54)	(7.62)
DUAL	-2.293***	-2.279***	-0.353	-0.008
	(-8.91)	(-10.29)	(-1.54)	(-0.03)
OUTSIDE_DIRECTOR	15.353***	16.866***	-9.070***	-8.404***
	(5.56)	(7.09)	(-4.93)	(-4.74)
M_SHARE	0.158***	0.169***	0.068***	0.066***
	(5.55)	(6.88)	(4.33)	(4.40)
Observations	358	358	318	318
R^2	0.943	0.958	0.941	0.946
p-value	0	0	0	0

注：*** 表示 $p<0.01$，** 表示 $p<0.05$，* 表示 $p<0.1$。

二、高管社会关系网络替换变量

本书使用了高管社会关系网络的程度中心度作为高管社会关系网络的代理变量,得到的实证检验结果如表7-20所示,总体而言,结论与前文所述一致。

表7-20 地区资本市场、高管社会关系网络与企业创新

VARIABLES	(1) Lnpatent	(2) Lnpatent	(3) RD	(4) RD
Degree	0.049*** (3.77)	0.002 (0.18)	0.000** (2.05)	0.000** (2.25)
Stockmarket		0.010 (0.48)		0.000 (0.48)
Degree × Stockmarket		0.010* (1.78)		0.000* (1.67)
SIZE	0.263*** (9.23)	0.201*** (7.31)	0.001*** (4.38)	0.001*** (4.09)
ROA	1.653 (1.42)	2.117** (2.00)	-0.027*** (-4.16)	-0.027*** (-4.05)
LOSS	-0.292 (-1.63)	-0.176 (-1.08)	0.004*** (4.39)	0.004*** (4.33)
LEV	-1.844*** (-5.14)	-0.691** (-2.03)	0.009*** (4.46)	0.009*** (4.35)
STATE	0.285** (2.56)	0.183* (1.77)	-0.002*** (-3.69)	-0.002*** (-3.63)
DUAL	-1.133*** (-6.94)	-1.161*** (-7.78)	-0.004*** (-4.47)	-0.004*** (-4.79)
OUTSIDE DIRECTOR	-2.852* (-1.85)	-1.704 (-1.21)	-0.005 (-0.93)	-0.007 (-0.75)
M_SHARE	0.066*** (5.50)	0.025** (2.21)	0.000* (1.88)	0.000* (1.88)
Observations	816	816	816	816
R^2	0.906	0.923	0.331	0.331
p-value	0	0	0	0

注:***表示$p<0.01$,**表示$p<0.05$,*表示$p<0.1$。

第六节 小结

经过实证分析可以发现，高管社会关系网络能够显著提升企业创新的水平，同时，由于企业创新需要持续性的资金支持，因此，地区资本市场的发展程度显著影响了企业创新水平的提升。此外，我们发现高管社会关系网络对地区资本市场发展程度影响企业创新的机制中发挥了显著正向的调节作用，即高管社会关系网络强化了地区资本市场发展程度对企业创新的影响。

通过进一步的分析，我们将高管社会关系网络按照高管的财务专业背景与非财务专业背景划分为财务背景的高管社会关系网络与非财务背景的高管社会关系网络，通过对不同专业背景的高管社会关系网络发挥调节作用的分析，我们发现两种高管社会关系网络均对企业创新投入与企业创新产出具有显著的促进作用，而在资本市场发展程度影响企业创新的调节作用中则显示出了显著的差异。具体而言，具有财务背景的高管社会关系网络没有发挥显著的调节作用，而非财务背景的高管社会关系网络在资本市场发展程度对企业创新的影响中发挥了显著的正向调节作用。该结果表明，不同职业背景的高管社会关系网络在对地区资本市场影响企业创新中发挥的调节作用存在显著的差异。

另外，企业所处地区的资本市场发展程度存在差异，企业获取资金的难易程度也受到资本市场的影响，进而影响企业创新投入及企业创新产出。因此，我们将地区资本市场的发展程度分为发达与不发达两种类型，进而做了实证分析，发现当公司处于资本市场发展较好的地区时，公司本身可以从当地资本市场获得企业创新的资金支持，此时高管社会关系网络则没有发挥更大的作用，体现为高管社会关系网络在资本市场发展程度对企业创新的影响没有发挥显著的调节作用，但对于资本市场欠发达地区的公司来说，由于其从当地资本市场获得资金支持企业创新具有难度,此时高管社会关系网络则可以发挥其资源镶嵌的优势,帮助处于网络中的公司获取所需资源,从而提升企业创新水平,体现为高管社会关系网络在资本市场发展程度对企业创新的影响中发挥了显著的正向调节的作用。总体而言,我们发现在资本市场发展程度不同的地区,高管社会关系网络在资本市场影响企业创新中发挥的调节作用存在显著的差异。

我们将影响企业获得企业创新资金支持的另一个重要因素——企业规模,分为大规模与小规模公司,进而对两个样本进行实证研究分析,发现企业规模大小能够显著影响公司在当地资本市场获得资金。因此,我们通过进一步分析,发现高管社会关系网络在发挥地区资本市场发展程度影响企业创新的调节作用时,受到企业规模的显著影响,在规模较大的公司中,高管社会关系网络对资本市场发展程度影响企业创新的机制中没有发挥显著的调节作用,而在规模较小的公司中,高管社会关系则在上述机制中发挥了显著的正向调节作用。总体而言,我们发现对规模不同的企业,高管社会关系网络在资本市场影响企业创新中发挥的调节作用存在显著的差异。

通过本书的研究,我们得到的启示为高管社会关系网络已成为上市公司普遍存在的现象,研究结果表明了高管社会关系网络能够显著促进企业创新,并且对地区资本市场发展程度影响企业创新中表现出了显著的调节作用。因此,处于资本市场欠发达地区的公司,可以主动去建立具有"财务背景"的高管社会关系网络,从而缓解由于本地区资本市场欠发达等客观因素导致的阻碍企业创新水平的提升。

第八章 研究结论

第一节 主要研究结论

创新是企业发展的内在动力,所以关于企业创新的研究一直是学者关注的焦点。企业创新由资本、人力资本、知识信息以及环境等因素共同决定。由于企业的创新需要大量的资本支出,对企业的资金要求较高,但由于企业创新的结果难以预测,因此在一定程度上,企业创新的风险较高。人力资本对企业创新的影响主要是来源于公司管理层对创新的影响,以往的研究表明管理层的人力资本以及社会资本对企业创新均有显著的影响,例如管理层的教育背景、任职经历等,均对企业创新产生正向的影响。通常来讲企业创新是知识、技术及信息的创新,也是企业创新的难点与重点。企业所处的外部环境,例如制度环境对企业创新的影响,政府保护企业创新知识产权的力度、法律环境等因素均会对企业创新产生显著的影响。通过对中国上市公司管理层的任职信息的分析,我们发现高管社会关系网络已经成为一个普遍现象,从2007年85.6%的上市公司存在高管社会关系网络,到了2018年这一比例达到了90.8%,说明高管社会关系网络已经成为一个不可忽视的现象,以往的相关文献侧重于研究高管社会关系网络的经济后果,

第八章 研究结论

本书则将研究视角放在高管社会关系网络自身,研究其在外部环境因素的影响下其对企业创新的影响,深入剖析了高管社会关系网络—地区环境差异(包括法律环境、文化环境与资本市场环境)对企业创新的影响机理。

具体而言,本书首先实证分析了高管社会关系网络对企业创新的影响,并将处于网络中的公司分为目标公司与联结公司,进而分析了高管社会关系网络对目标企业以及联结企业的创新的影响。本书以2007~2018年的上市公司数据为研究样本,对相关内容进行了实证检验,我们发现高管社会关系网络显著地促进了企业创新,这说明高管社会关系网络中所镶嵌的可获得的各项资源以及网络本身具备的学习效应促进了企业创新。此外,当我们把样本分为目标公司与联结公司后,实证结果表明,联结公司的创新水平显著提升。处于高管社会关系网络中的企业,尤其是创新水平较高的企业,其成功经验会成为网络中其他联结企业的学习内容,通过沟通与交流,提高了联结企业的创新水平。此外,通过对实证研究结果的分析,目标公司的创新水平也受到了高管社会关系网络的显著的促进提高,该结果说明了企业在与同行业或其他的行业(包括上下游企业)的企业建立关系网络,能够从规避风险、获得创新的想法、降低研发成本、获得创新平台等方面获得包括人力、物力以及资金等方面的支持,从而不仅提高了联结公司的创新水平,同时也提高了目标公司的创新水平,达到了"双赢"。另外,本书将高管社会关系网络进一步分为了同一控制下与非同一控制下的高管社会关系网络、董事网络与非董事网络、管理层网络与非管理层网络,并对每一种类型的高管社会关系网络进行了实证分析,结果发现对于同一控制与非同一控制的高管社会关系网络,其对企业创新产出均为显著正向影响,而对企业创新投入则没有显著的作用;对于企业创新产出,董事网络与非董事网络的影响作用有显著的差异,董事网络显著正向影响企业创新产出,而非董事网络的影响则不显著,对于企业创新投入而言,二者均没有显著的作用;对于管理层网络与非管理层网络而言,二者对企业创新产出表现为显著正向影响,而对企业创新投入则没有显著的作用。

其次，本书检验了法律环境对企业创新的影响，并分析了高管社会关系网络在法律环境与企业创新的关系中的影响作用。经过实证检验我们发现，高管社会关系网络可以显著促进企业创新的投入及产出，同时法律环境会影响企业对创新的投入以及创新产出的水平，此外，我们认为高管社会关系网络对法律环境影响企业创新的机制中具有正向的调节作用，即高管社会关系网络强化了法律环境对企业创新的影响。但通过进一步分析，我们发现由具有不同职业背景的高管建立的高管社会关系网络，其在发挥法律环境影响企业创新产出的调节作用存在显著的差异，结果表明，具有律师专业背景的高管社会关系网络能够显著降低法律环境对企业创新产出的影响，而非律师专业背景的高管社会关系网络则显示出显著强化法律环境对企业创新产出的影响，究其原因，可能是由于具有律师背景的高管社会关系网络其蕴含着的法律知识或信息相关的资源能够显著降低法律环境对企业创新产出的影响，主要是对专利的影响；而非律师背景的高管社会关系网络则不具备法律等相关资源，因此无法降低法律环境对企业创新的影响，反而强化了其对企业创新产出的影响程度。

再次，本书检验了地区文化环境对企业创新的影响，并分析了高管社会关系网络在文化环境与企业创新的关系中的影响作用。经过实证检验我们发现，高管社会关系网络可以显著促进企业创新，同时地区文化会影响企业创新的水平，此外，我们认为高管社会关系网络对地区文化影响企业创新的机制中具有正向的调节作用，即高管社会关系网络强化了地区文化对企业创新的影响。通过进一步分析，我们发现将企业创新划分为企业发明类创新及非发明类创新后，高管社会关系网络对二者均呈显著的促进作用；但地区文化对二者的影响存在差异，地区文化显著促进企业发明类创新产出，而对企业非发明类创新没有显著的影响；高管社会关系网络对地区文化影响企业发明类与非发明类创新没有显著的差异，均呈显著的正向调节作用。此外，我们将高管社会关系网络划分为具有设计背景与非

第八章 研究结论

设计背景的高管组成的社会关系网络，发现由具有不同职业背景的高管建立的高管社会关系网络，其在发挥地区文化影响企业创新产出的调节作用存在显著的差异，结果表明，具有设计背景的高管社会关系网络在地区文化影响企业创新中发挥了正向的调节作用不显著，具有非设计背景的高管社会关系网络在地区文化影响企业创新中发挥了显著的正向调节作用，意味着具有非设计背景的高管社会关系网络显著强化了地区文化对企业创新的影响。进一步将企业创新分为发明专利类创新与非发明专利类创新之后，具有设计背景的高管社会关系网络更能够促进企业非发明专利类创新，而非设计背景的高管社会关系网络则更能够显著促进企业发明类专利类创新。此外，我们发现非设计背景的高管社会关系网络在地区文化影响企业发明类与非发明类创新中均发挥了显著的正向调节的作用，强化了地区文化包容性对企业创新的影响，而设计背景的高管社会关系网络则没有发挥显著的调节作用。

最后，本书检验了地区资本市场发展程度对企业创新的影响，并分析了高管社会关系网络在地区资本市场发展环境与企业创新的关系中的影响作用。经过实证分析可以发现，高管社会关系网络能够显著提升企业创新的水平，同时，由于企业创新需要持续性的资金支持，因此，地区资本市场的发展程度显著影响了企业创新水平的提升。此外，我们发现高管社会关系网络对地区资本市场发展程度影响企业创新的机制中发挥了显著正向的调节作用，即高管社会关系网络强化了地区资本市场发展程度对企业创新的影响。通过进一步的分析，我们将高管社会关系网络按照高管的财务专业背景与非财务专业背景划分为财务背景的高管社会关系网络与非财务背景的高管社会关系网络，通过对不同专业背景的高管社会关系网络发挥调节作用的分析，我们发现两种高管社会关系网络均对企业创新投入与企业创新产出具有显著的促进作用，而在资本市场发展程度影响企业创新的调节作用中则显示出了显著的差异。具体而言，具有财务背景的高管社会关系网络没有发挥显著的调节作用，而非财务背景的高管社会关系网络在资本市场发展程度对企业创新的影响中发挥了显著的正向调节作用。该结果表明，不同职业背景的高管社会关系网络在对地区资本市场影响企业创新中发挥的调节作用存在显著的差异。另外，企业所处地区的资本市场发展程度存在差异，企业获取资金的难易程度也受到资本市场的影响，进而影响企业创新投入及企业创新产出。因此，我们将地区资本市场的发展程度分为发达与不发达两种类型，进而做了实证分析，发现当公司处于资本市场发展较好的地区时，公司本身可以从当地资本市场获得企业创新的资金支持，而此时高管社会关系网络则没有发挥更大的作用，体现为高管社会关系网络在资本市场发展程度对企业创新的影响中没有发挥显著的调节作用；但对于处于资本市场欠发达地区的公司来说，由于其从当地资本市场获得资金支持企业创新具有难度，此时高管社会关系网络则可以发挥其资源镶嵌的优势，帮助处于网络中的公司获取所需资源，从而提升企业创新水平，体现为高管社会关系网络在资本市场发展程度对企业创新的影响中发挥了显著的正向调节的作用。

总体而言，我们发现在资本市场发展程度不同的地区，高管社会关系网络在资本市场影响企业创新中发挥的调节作用存在显著的差异。我们将影响企业获得企业创新资金支持的另一个重要因素——企业规模分为大规模与小规模公司，进而对两个样本进行实证研究分析，发现企业规模大小能够显著影响公司在当地资本市场获得资金。因此，我们通过进一步分析，发现高管社会关系网络在发挥地区资本市场发展程度影响企业创新的调节作用时，受到企业规模的影显著影响，在规模较大的公司中，高管社会关系网络对资本市场发展程度影响企业创新的机制中没有发挥显著的调节作用，而在规模较小的公司中，高管社会关系则在上述机制中发挥了显著的正向调节作用。对规模不同的企业，高管社会关系网络在资本市场影响企业创新中发挥的调节作用存在显著的差异。通过本书的研究，我们得到的启示为高管社会关系网络已成为上市公司普遍存在的现象，研究结果表明了高管社会关系网络能够显著促进企业创新，并且对地区资本市场发展程度影响企业创新中表现出了显著的调节作用。因此,处于资本市场欠发达地区的公司,可以主动去建立具有"财务背景"的高管社会关系网络,从而缓解由于本地区资本市场欠发达等客观因素导致的阻碍企业创新水平的提升。

第二节 政策建议

根据本书的研究结论,为提高企业创新水平,本书提出如下建议:

第一,企业为了提高创新水平,应该加强企业间的沟通与联系,以充分利用联结公司的创新经验。根据本书的研究结论,高管社会关系网络提高了目标公司与联结公司间信息沟通的效率,有利于企业分析来自网络中的多方信息,进而加强了组织间提高创新水平的力度。由此可见,具有高管社会关系网络的企业间应注重彼此间信息沟通与交流。尤其是处于社会关系网络中的地理位置邻近的企业,更应当利用网络优势,增加信息沟通与交流的频率,从而充分发挥关系网络带来的优势,提升企业的创新水平。

第二,对于处于法律环境欠发达地区企业,由于企业创新的特殊性,法律保护是影响创新水平的重要因素。根据本书的研究结论,高管社会关系网络在法律环境欠发达地区也显著地促进企业创新,表明高管社会关系网络具有的可提高企业知识产权保护相关的资源,可以被企业获得并使用,从而提高了企业创新的水平,在一定程度上,高管社会关系网络成为知识产权保护等法律环境因素的替代机制。因此,处于高管社会关系网络中的企业,尤其是法律坏境欠发达地区的企业,应该充分利用网络带来的利好因素,积极向网络中的企业获取相关资源,规避由于法律环境带来的不利因素,从而提高企业的创新水平。

第三,根据本书的研究结论,高管社会关系网络在非国有企业获取创新所需资源方面起到了产权性质的替代作用。对于非国有企业而言,无法获得国有企业拥有的各项资源。因此，非国有企业应该认识到高管社会关系网络具有的优势，应当充分利用自身资源建立高管社会关系网络，弥补由于企业性质不同所带来的缺陷，获得提高企业创新所需的各项资源，逐步提高企业的创新水平。

第三节 研究局限性及未来展望

一、研究局限性

高管社会关系网络是错综复杂的，本书通过对国内外学者的已有研究进行了一些合理化的拓展研究，并取得了一定的预期研究效果。但是由于时间和能力的限制，本书的研究还存在一些局限性，需要在未来的研究中完善。

首先，公司高管的社会网络关系有很多种类型，本书选取了通过在其他公司中兼任职位的形式所形成的高管联结关系，只是众多联结关系其中的一种。其他类似的高管社会网络关系还有通过老乡关系、校友关系、同一个俱乐部，以及同一个贸易组织等所建立的高管联结关系。

其次，本书的研究样本局限于上市公司的高管联结，其实在非上市公司中也存在非常普遍的通过兼任职位所形成的高管联结关系。因此，在一定程度上本书的研究结论只是局限于上市公司的高管联结关系，而对非上市公司的情况适用与否则没有实证证据支持。此外，在研究方法的选择方面也存在一定的不足。在对高管联结关系的分析方法的选择上，可能本书的选择较为单一，应该使用社会网络结构分析方法中的其他方法对高管联结关系进行分析，例如中介中心度、程度中心度、接近中心度、特征向量中心度等方法，此外，还应使用结构洞理论以及相关的分析方法对高管社会关系网络进行分析。

二、未来研究展望

基于上述研究的局限性,未来可能存在的研究机会如下:

首先,未来可以对高管的其他社会网络关系进行分析与研究,例如,通过老乡关系或校友关系建立的高管社会关系网络是如何对公司的经营以及治理行为产生影响的。这方面的研究的难点在于数据收集以及联结关系的确认,目前国内的主流数据库中没有对高管的校友及老乡关系有统一的记录,因此,研究上述主题需手工收集相关数据,存在一定的难度。

其次,在未来研究高管通过兼任职位建立的高管社会关系网络,可以将研究样本扩展到非上市公司中,数据可能是一个难点,但我们可以通过问卷调查、实地调研等方式获取非上市公司的数据。这样既可以补充样本的完整性,又可以将非上市公司纳入研究样本,实证结果的解释性更强。此外,在未来对高管社会关系网络的研究中,在研究方法的选择上应更加多样化,例如可以使用结构洞位置、中介中心度、程度中心度、接近中心度、特征向量中心度等方法结合起来对高管社会关系中高管的网络位置的不同对公司行为的影响是否会不同。

参考文献

[1] 白雪莲,张俊瑞,刘彬.地理距离能够影响基金持股的治理效应吗?——基于上市公司股利政策的研究[J].中央财经大学学报,2015(8):54.

[2] 毕茜,顾立盟,张济建.传统文化,环境制度与企业环境信息披露[J].会计研究,2015(3):12-19.

[3] 蔡竞,董艳.银行业竞争与企业创新——来自中国工业企业的经验证据[J].金融研究,2016(11):96-111.

[4] 蔡庆丰,江逸舟.公司地理位置影响其现金股利政策吗?[J].财经研究,2013.

[5] 蔡宇娜,王玉蓉.中小企业板上市公司区域差异特性与成因分析[J].财会研究,2009(7).

[6] 曹里加,冯根福.上市公司产业与区域分布,规模及绩效[J].经济学家,2001,6(6):105-111.

[7] 车响午,彭正银.公司治理环境与内部控制信息披露关系研究[J].财经问题研究,2016(2):71-78.

[8] 陈仕华,陈钢.企业间高管联结与财务重述行为扩散[J].经济管理,

2013 (8): 134-143.

[9] 陈仕华,姜广省,卢昌崇. 董事联结,目标公司选择与并购绩效——基于并购双方之间信息不对称的研究视角[J]. 管理世界, 2013 (12): 117-132.

[10] 陈仕华,马超. 企业间高管联结与慈善行为一致性[J]. 管理世界, 2011 (12): 87-94.

[11] 陈仕华,杨江变,杨周萍,叶彦. 儒家文化与高管—员工薪酬差距[J]. 财贸研究, 2020, 31 (5): 97-110.

[12] 陈欣,陈德球. 投机文化,管理者特征与公司创新[J/OL]. 管理评论: 1-12 [2021-01-23].

[13] 陈运森,谢德仁. 网络位置,独立董事治理与投资效率[J]. 管理世界, 2011 (7): 113-127.

[14] 陈运森. 独立董事网络中心度与公司信息披露质量[J]. 审计研究, 2012 (5): 92-100.

[15] 陈运森. 社会网络与企业效率:基于结构洞位置的证据[J]. 会计研究, 2015 (1): 48-55.

[16] 戴德明,王茂林,林慧婷. 外部治理环境、控制权私有收益与上市公司高管晋升效率[J]. 经济与管理研究, 2015, 36 (1): 123-131.

[17] 戴亦一,肖金利,潘越. "乡音"能否降低公司代理成本?——基于方言视角的研究[J]. 经济研究, 2016 (12): 12.

[18] 杜颖洁,杜兴强. 女性董事、法律环境与企业社会责任——基于中国资本市场的经验证据[J]. 当代会计评论, 2014 (1): 90-121.

[19] 樊纲,王小鲁,张立文,朱恒鹏. 中国各地区市场化相对进程报告[M]. 北京:经济科学出版社, 2011.

[20] 方旭. 我国上市公司地理分布的决定因素研究[D]. 浙江财经大学, 2014.

[21] 傅代国,夏常源. 网络位置、独立董事治理与盈余质量 [J]. 审计与经济研究, 2014 (2): 67-75.

[22] 高展军,李垣. 战略网络结构对企业技术创新的影响研究 [J]. 科学学研究, 2006.

[23] 耿文才. 新经济地理学视角下中国纺织业区际转移的黏性分析 [J]. 地理研究, 2015, 34 (2): 259-269.

[24] 古志辉,张永杰,孟庆斌. 儒家如何影响股利政策? [J]. 系统工程理论与实践, 2020, 40 (9): 2236-2251.

[25] 贺炎林,张瀛文,莫建明. 不同区域治理环境下股权集中度对公司业绩的影响 [J]. 金融研究, 2014 (12): 148-163.

[26] 侯世英,宋良荣. 儒家文化会影响企业审计行为吗? [J]. 南京审计大学学报, 2020, 17 (6): 28-36.

[27] 何凌云,陶东杰. 税收征管、制度环境与企业创新投入 [J]. 科研管理, 2020, 41 (9): 42-50.

[28] 金煜,陈钊,陆铭. 中国的地区工业集聚: 经济地理, 新经济地理与经济政策 [D]. 复旦大学, 2006.

[29] 柯善咨,赵曜. 产业结构、城市规模与中国城市生产率 [J]. 经济研究, 2014.

[30] 康艳玲,黄国良,陈克兢. 高管特征对研发投入的影响——基于高技术产业的实证分析 [J]. 科技进步与对策, 2011, 28 (8): 147-151.

[31] 李宝元. 战略性投资: 现代组织学习型人力资源开发全鉴 [M]. 北京: 经济科学出版社, 2005.

[32] 李汇东,唐跃军,左晶晶. 用自己的钱还是用别人的钱创新?——基于中国上市公司融资结构与公司创新的研究 [J]. 金融研究, 2013 (2).

[33] 李虹,田马飞. 内部控制、媒介功用、法律环境与会计信息价值相关

性[J].会计研究,2015(6):64-71+97.

[34] 李留闯,田高良.公司关系网络和高管薪酬:理论模型和实证[J].系统工程理论与实践,2014(1):54-63.

[35] 李青原,张肖星,王红建.独立董事连锁与公司盈余质量的传染效应[J].财务研究,2015(4):003.

[36] 李善民,公淑玉,庄明明.文化差异影响CEO的并购决策吗?[J].管理评论,2019,31(6):144-159.

[37] 李涛,徐昕.企业因素、金融结构与融资约束:基于中国企业规模与产权结构的实证分析[J].金融研究,2005(5):80-92.

[38] 李伟,周启玲,张校平.儒家文化、管理层过度自信与投资过度[J].会计之友,2020(19):56-62.

[39] 李作学,王前,齐艳霞.论柔性管理对挖掘企业隐性知识的作用[J].科学学与科学技术管理,2003.

[40] 刘培森.金融发展、创新驱动与长期经济增长[J].金融评论,2018,10(4):41-59+119-120.

[41] 刘清华.企业网络中关系性交易治理机制及其影响研究[D].浙江大学博士学位论文,2003.

[42] 刘颖,钟田丽,张天宇.连锁董事网络,控股股东利益侵占与融资结构关系——基于我国中小板上市公司的实证检验[J].经济管理,2015(4):148-158.

[43] 刘颖.董事网络位置,企业创新战略与融资结构——基于创新类型的实证检验[J].会计之友,2018(20):7.

[44] 卢昌崇,陈仕华.连锁董事理论:来自中国企业的实证检验[J].中国工业经济,2006(1):113-119.

[45] 陆瑶,胡江燕.CEO与董事间"老乡"关系对公司违规行为的影响研

究[J]．南开管理评论，2016（2）：52-62.

[46] 陆瑶，李茶．CEO对董事会的影响力与上市公司违规犯罪[J]．金融研究，2016（1）：176-191.

[47] 鲁桐，党印．投资者保护、行政环境与技术创新：跨国经验证据[J]．世界经济，2015，38（10）：99-124.

[48] 马晨，程茂勇，张俊瑞，等．地理邻近对上市公司会计错报的影响——基于媒介环境调节效应的分析[J]．投资研究，2015（9）：46-60.

[49] 马磊．连锁董事网：研究回顾与反思[J]．社会学研究，2014（1）：12.

[50] 马连福，胡艳，高丽．投资者关系管理水平与权益资本成本——来自深交所A股上市公司的经验证据[J]．经济与管理研究，2008（6）：23-28.

[51] 马艳艳，张晓蕾，孙玉涛．环境规制激发企业努力研发？——来自火电企业数据的实证[J]．科研管理，2018，39（2）：66-74.

[52] 牛继舜．发展文化创意产业，提升世界城市文化软实力[J]．现代商业，2014（6）：86-87.

[53] 潘峰华，刘作丽，夏亚博，等．中国上市企业总部的区位分布和集聚特征[J]．地理研究，2013（9）：1721-1736.

[54] 潘红波，张睿．独立董事政治关联有助于民营企业创新吗？[J]．郑州航空工业管理学院学报，2016（2）：63-75.

[55] 潘越，肖金利，戴亦一．文化多样性与企业创新：基于方言视角的研究[J]．金融研究，2017（10）：146-161.

[56] 潘越，汤旭东，宁博．俭以养德：儒家文化与高管在职消费[J]．厦门大学学报（哲学社会科学版），2020（1）：107-120.

[57] 潘越，翁若宇，纪翔阁，戴亦一．宗族文化与家族企业治理的血缘情结[J]．管理世界，2019，35（7）：116-135+203-204.

[58] 彭正银,廖天野. 连锁董事治理效应的实证分析——基于内在机理视角的探讨 [J]. 南开管理评论, 2008 (1): 99-105.

[59] 钱戮琳. 连锁董事与盈余质量研究 [J]. 中南财经政法大学研究生学报, 2013 (2): 23.

[60] 全怡,姚振晔. 法律环境、独董任职经验与企业违规 [J]. 山西财经大学学报, 2015, 37 (9): 76-89.

[61] 任兵,区玉辉,彭维刚. 连锁董事与公司绩效:针对中国的研究 [J]. 南开管理评论, 2007, 10 (1): 8-15.

[62] 芮明杰,陈晓静. 组织学习模型简要评述——基于知识论视角 [J]. 管理学报, 2006, 3 (6): 745.

[63] 沈弋,徐光华,吕明晗,钱明. 企业慈善捐赠与税收规避——基于企业社会责任文化统一性视角 [J]. 管理评论, 2020, 32 (2): 254-265.

[64] 宋玉,沈吉,范敏虹. 上市公司的地理特征影响机构投资者的持股决策吗?——来自中国证券市场的经验证据 [J]. 会计研究, 2012, 7: 72-79.

[65] 唐雪松,杜军,申慧. 独立董事监督中的动机——基于独立意见的经验证据 [J]. 管理世界, 2010, 9: 138-149.

[66] 田高良,李留闯,齐保垒. 连锁董事,财务绩效和公司价值 [J]. 管理科学, 2011, 24 (3): 13-24.

[67] 万良勇,胡璟. 网络位置,独立董事治理与公司并购——来自中国上市公司的经验证据 [J]. 南开管理评论, 2014 (2): 64-73.

[68] 万良勇,郑小玲. 董事网络的结构洞特征与公司并购 [J]. 会计研究, 2014 (5): 67-72.

[69] 王进猛,徐玉华,易志高. 文化距离损害了外资企业绩效吗 [J]. 财贸经济, 2020, 41 (2): 115-131.

[70] 王世权,蔡黎明,高树才. 空间结构生成系统简论 [C] //第十四届空

间结构学术会议论文集,2012.

[71] 王学军,陈武.区域智力资本与区域创新能力的关系——基于湖北省的实证研究[J].中国工业经济,2008(9):25-36.

[72] 王营,曹廷求.董事网络增进企业债务融资的作用机理研究[J].金融研究,2014(7):189-206.

[73] 王营,张光利.董事网络和企业创新:引资与引智[J].金融研究,2018,456(6):189-206.

[74] 王猛,王有鑫.城市文化产业集聚的影响因素研究——来自35个大中城市的证据[J].江西财经大学学报,2015(1):12-20.

[75] 吴超鹏,唐菂.知识产权保护执法力度、技术创新与企业绩效——来自中国上市公司的证据[J].经济研究,2016(11):125-139.

[76] 肖作平,刘辰嫣.两权分离、金融发展与公司债券限制性条款——来自中国上市公司的经验证据[J].证券市场导报,2018(12):48-60.

[77] 谢德仁,陈运森.董事网络:定义、特征和计量[J].会计研究,2012(3):44-51.

[78] 解维敏,方红星.金融发展、融资约束与企业研发投入[J].金融研究,2011(5):171-183.

[79] 修宗峰,周泽将.地区幸福感,社会资本与企业公益性捐赠[J].管理科学,2016,29(2):146-160.

[80] 修宗峰.地区幸福感、市场化进程与企业社会责任[J].证券市场导报,2015(2).

[81] 许庆瑞,郑刚,陈劲.全面创新管理:创新管理新范式初探——理论溯源与框架[J].管理学报,2006,3(2):135.

[82] 徐细雄,李万利,陈西婵.儒家文化与股价崩盘风险[J].会计研究,2020(4):143-150.

[83] 严若森,华小丽. 环境不确定性,连锁董事网络位置与企业创新投入 [J]. 管理学报, 2017, 14 (3): 373.

[84] 姚立杰,周颖. 管理层能力,创新水平与创新效率 [J]. 会计研究, 2018 (6): 70-77.

[85] 叶康涛,祝继高,陆正飞,等. 独立董事的独立性: 基于董事会投票的证据 [J]. 经济研究, 2011 (1): 126-139.

[86] 叶茂林,吴振信,吴永林. 对我国上市公司地区分布的实证分析 [J]. 数量经济技术经济研究, 2003 (10).

[87] 于佳木. 企业智力资本与技术创新能力关系的定量分析 [D]. 大连理工大学硕士学位论文, 2006.

[88] 原献学,何心展,石文典. 组织学习动力研究 [M]. 北京: 中国社会科学出版社, 2007.

[89] 余恕莲,王藤燕. 高管专业技术背景与企业研发投入相关性研究 [J]. 经济与管理研究, 2014 (5): 14-22.

[90] 余威,张春莹,何鑫萍. 红色文化与企业内部薪酬差距——基于革命老区视角的检验 [J]. 当代财经, 2019 (10): 83-94.

[91] 张惠琳,倪骁然. 金融发展、法治深化与上市企业风险承担 [J]. 投资研究, 2017, 36 (4): 4-23.

[92] 张敏,谢露,马黎珺. 金融生态环境与商业银行的盈余质量——基于我国商业银行的经验证据 [J]. 金融研究, 2015 (5): 117-131.

[93] 张娆. 企业间高管联结与会计信息质量: 基于企业间网络关系的研究视角 [J]. 会计研究, 2014 (4): 27-33.

[94] 张娟. 高管联结的经济后果研究 [D]. 中央财经大学博士学位论文, 2017.

[95] 张志强. 金融发展、研发创新与区域技术深化 [J]. 经济评论, 2012

(3): 82-92.

[96] 张俊瑞, 刘慧, 杨蓓. 分析师跟进、法律环境与企业诉讼风险 [J]. 财经论丛, 2016 (9): 72-80.

[97] 赵慧, 张浓, 焦捷. 地方金融发展、知识产权保护与创新型企业资本结构动态调整 [J]. 广西大学学报 (哲学社会科学版), 2020, 42 (5): 103-109.

[98] 郑方. 治理与战略的双重嵌入性——基于连锁董事网络的研究 [J]. 中国工业经济, 2011 (9): 108-118.

[99] 郑刚, 任宗强. 中小企业全面创新管理实施框架与典型模式 [J]. 管理工程学报, 2009 (1).

[100] 钟腾, 汪昌云. 金融发展与企业创新产出——基于不同融资模式对比视角 [J]. 金融研究, 2017 (12): 127-142.

[101] 周勇, 龚海东. 创新型企业家人力资本特征与企业绩效的实证研究 [J]. 科技管理研究, 2014, 34 (2): 96-102.

[102] 邹艳, 张雪花. 企业智力资本与技术创新关系的实证研究——以吸收能力为调节变量 [J]. 软科学, 2009, 23 (3): 71-75.

[103] 朱红军, 何贤杰, 陈信元. 金融发展、预算软约束与企业投资 [J]. 会计研究, 2006 (10): 64-71.

[104] Adams M E, Day G S, Dougherty D. Enhancing New Product Development Performance: An Organizational Learning Perspective [J]. Journal of Product Innovation Management: An International Publication of The Product Development & Management Association, 1998, 15 (5): 403-422.

[105] Agarwal S, Hauswald R. Distance and Private Information in Lending [J]. The Review of Financial Studies, 2010, 23 (7): 2757-2788.

[106] Anagnostopoulou S C. Accounting Quality and Loan Pricing: The Effect of

cross - country Differences in Legal Enforcement [J]. International Journal of Accounting, 2017, 52 (2): 178 -200.

[107] Aldrich H E, Rosen B, Woodward B. The Impact of Social Networks on Business Foundings and Profit: A Longitudinal Study [J]. Frontiers of Entrepreneurship Research, 1987: 154 - 168.

[108] Almazan A, De Motta A, Titman S, et al. Financial Structure, Acquisition Opportunities, and Firm Locations [J]. The Journal of Finance, 2010, 65 (2): 529 -563.

[109] Almazan A, De Motta A, Titman S. Firm Location and the Creation and Utilization of Human Capital [J]. The Review of Economic Studies, 2007, 74 (4): 1305 -1327.

[110] Andres C, Van Den Bongard I, Lehmann M. Is Busy Really Busy? Board Governance Revisited [J]. Journal of Business Finance & Accounting, 2013, 40 (9 -10): 1221 -1246.

[111] Annekatrin Niebuhr. Migration and Innovation: Does Cultural Diversity Matter for Regional R&D Activity? [J]. Regional Science, 2010, 8 (3): 563 -585.

[112] Ang J S, Cheng Y, Wu C. Does Enforcement of Intellectual Property Rights Matter in China? Evidence from Financing and Investment Choices in the High - tech Industry [J]. Review of Economics and Statistics, 2014, 96 (2): 332 -348.

[113] Argote L, Epple D. Learning Curves in Manufacturing [J]. Science, 1990, 247 (4945): 920 -924.

[114] Argyris C. Schön, DA (1978): Organizational Learning. A Theory of Action Perspective [J]. Reading, Mass, 1978.

[115] Ayers B C, Ramalingegowda S, Yeung P E. Hometown Advantage: The

effects of Monitoring Institution Location on Financial Reporting Discretion [J]. Journal of Accounting and Economics, 2011, 52 (1): 41 – 61.

[116] Baik B, Kang J K, Kim J M. Local Institutional Investors, Information Asymmetries, and Equity Returns [J]. Journal of Financial Economics, 2010, 97 (1): 81 – 106.

[117] Barney J B. Organizational Culture: Can It be a Source of Sustained Competitive Advantage? [J]. Academy of Management Review, 1986, 11 (3): 656 – 665.

[118] Bassi L J, Van Buren M E. Valuing Investments in Intellectual Capital [J]. International Journal of Technology Management, 1999, 18 (5 – 8): 414 – 432.

[119] Battiston S, Bonabeau E, Weisbuch G. Decision Making Dynamics in Corporate Boards [J]. Physica A: Statistical Mechanics and its Applications, 2003, 322: 567.

[120] Bazerman M H, Schoorman F D. A Limited Rationality Model of Interlocking Directorates [J]. Academy of Management Review, 1983, 8 (2): 206 – 217.

[121] Beasley M S. An Empirical Analysis of the Relation between the Board of Director Composition and Financial STATEment Fraud [J]. Accounting Review, 1996: 443 – 465.

[122] Bebchuk L A, Cohen A. The Costs of Entrenched Boards [J]. Journal of Financial Economics, 2005, 78 (2): 409 – 433.

[123] Becerra M, Lunnan R, Huemer L. Trustworthiness, Risk, and the Transfer of Tacit and Explicit Knowledge between Alliance Partners [J]. Journal of Management Studies, 2008, 45 (4): 691 – 713.

[124] Benfratello L, Schiantarelli F, Sembenelli A, et al. Banks and Innovation: Microeconometric Evidence on Italian Firms [J]. Journal of Financial Economics,

2008, 90 (2): 197 -217.

[125] Berchicci L. Towards an Open R&D System: Internal R&D Investment, External Knowledge Acquisition and Innovative Performance [J]. Research Policy, 2013, 42 (1): 117 -127.

[126] Bertoni F, Randone P A. The Small - World of Italian Finance: Ownership Interconnections and Board Interlocks amongst Italian Listed Companies [J]. Ssrn Electronic Journal, 2006.

[127] Bizjak J, Lemmon M, Whitby R. Option Backdating and Board Interlocks [J]. Review of Financial Studies, 2009, 22 (11): 4821 -4847.

[128] Boerner C S, Macher J T. Transaction Cost Economics: An Assessment of Empirical Research in the Social Sciences [J]. Unpublished Manuscript, Georgetown University, 2001.

[129] Bourdieu P. Social Space and Symbolic Power [J]. Sociological Theory, 1989, 7 (1): 14 -25.

[130] Bouwman C H S. Corporate Governance Propagation Through Overlapping Directors [J]. Review of Financial Studies, 2011, 24 (7): 2358 -2394.

[131] Bresman H, Birkinshaw J, Nobel R. Knowledge Transfer in International Acquisitions [J]. Journal of International Business Studies, 1999, 30 (3): 439 -462.

[132] Brown J L, Drake K D. Network Ties among Low - tax Firms [J]. The Accounting Review, 2013, 89 (2): 483 -510.

[133] Brown J R, Martinsson G, Petersen B C, et al. Law, Stock Markets, and Innovation [J]. Journal of Finance, 2013, 68 (4): 1517 -1549.

[134] Burt R S, Celotto N. The Network Structure of Management Roles in a Large Matrix Firm [J]. Evaluation and Program Planning, 1992, 15 (3): 303 -

326.

[135] Burt R S, Christman K P, Kilburn Jr H C. Testing a Structural Theory of Corporate Cooptation: Interorganizational Directorate Ties as A Strategy for Avoiding Market Constraints on Profits [J]. American Sociological Review, 1980: 821 – 841.

[136] Cai Y, Dhaliwal D S, Kim Y, et al. Board Interlocks and the Diffusion of Disclosure Policy [J]. Review of Accounting Studies, 2014, 19 (3): 1086 – 1119.

[137] Cai Y, Sevilir M. Board Connections and M&A Transactions [J]. Journal of Financial Economics, 2012, 103 (2): 327 – 349.

[138] Cashman G D, Gillan S L, Jun C. Going Overboard? On Busy Directors and Firm Value [J]. Journal of Banking & Finance, 2012, 36 (12): 3248 – 3259.

[139] Cheung Y L, Chung C W, Tan W, et al. Connected Board of Directors: A Blessing or a Curse? [J]. Journal of Banking & Finance, 2013, 37 (8): 3227 – 3242.

[140] Chikh S, Filbien J Y. Acquisitions and CEO power: Evidence from French Networks [J]. Journal of Corporate Finance, 2011, 17 (5): 1221 – 1236.

[141] Chiu P C, Teoh S H, Tian F. Board Interlocks and Earnings Management Contagion [J]. The Accounting Review, 2012, 88 (3): 915 – 944.

[142] Choi J H, Wong T J. Auditors' Governance Functions and Legal Environments: An International Investigation [J]. Contemporary Accounting Research, 2007, 24 (1): 13 – 46.

[143] Cohen W M, Levinthal D A. Absorptive capacity: A New Perspective on Learning and Innovation [J]. Administrative Science Quarterly, 1990, 35 (1): 128 – 152.

[144] Coleman J S. Norm – generating Structures [J]. The Limits of Rationality, 1990: 250 – 73.

[145] Core J E, Holthausen R W, Larcker D F. Corporate Governance, Chief Executive Officer Compensation, and Firm Performance [J]. Journal of Financial Economics, 1999, 51 (3): 371 -406.

[146] Coval J D, Moskowitz T J. Home Bias at Home: Local Equity Preference in Domestic Portfolios [J]. The Journal of Finance, 1999, 54 (6): 2045 -2073.

[147] Coval J D, Moskowitz T J. The Geography of Investment: Informed Trading and Asset Prices [J]. Journal of Political Economy, 2001, 109 (4): 811 -841.

[148] Crespí - Cladera R, Pascual - Fuster B. Executive Directors' Pay, Networks and Operating Performance: The Influence of Ownership Structure [J]. Journal of Accounting and Public Policy, 2015, 34 (2): 175 -203.

[149] Cyert R M, March J G. A Behavioral Theory of the Firm [J]. Englewood Cliffs, NJ, 1963, 2 (4): 169 -187.

[150] D Paul. The Psychology of meaningful verbal learning: an introduction to school learning [J]. Clinical Pediatrics, 1963: 1 -99.

[151] Das T K, Teng B S. A Resource - based Theory of Strategic Alliances [J]. Journal of Management, 2000, 26 (1): 31 -61.

[152] Davis G F, Yoo M, Baker W E. The Small World of the American Corporate Elite, 1982 -2001 [J]. Strategic Organization, 2003, 1 (2): 301 -326.

[153] Defond M L, Hung M. Investor Protection and Corporate Governance: Evidence from Worldwide CEO Turnover [J]. Journal of Accounting Research, 2004, 42 (2): 269 -312.

[154] Degryse H, Ongena S. Distance, Lending Relationships, and Competition [J]. The Journal of Finance, 2005, 60 (1): 231 -266.

[155] Dharwadkar R, Harris D G, Shi L, et al. Audit Committee Interlocks and the Contagion of Accrual - Based and Real Earnings Management [J]. Available at

SSRN 2729855, 2016.

[156] Dittmar, A., Mahrt - Smith, J., Servaes, H. International Corporate Governance and Corporate Cash Holdings [J]. Journal of Financial and Quantitative Analysis, 2003, 38 (7): 111 - 134.

[157] Duncan R B. Characteristics of Organizational Environments and Perceived Environmental Uncertainty [J]. Administrative Science Quarterly, 1972: 313 - 327.

[158] Durnev A, Kim E H. To Steal or Not to Steal: Firm Attributes, Legal Environment, and Valuation [J]. The Journal of Finance, 2005, 60 (3): 1461 - 1493.

[159] Easterby - Smith M, Lyles M A, Tsang E W K. Inter - organizational Knowledge Transfer: Current Themes and Future Prospects [J]. Journal of Management Studies, 2008, 45 (4): 677 - 690.

[160] Faleye O. Classified Boards, Firm Value, and Managerial Entrenchment [J]. Journal of Financial Economics, 2007, 83 (2): 501 - 529.

[161] Fama E F, Jensen M C. Agency Problems and Residual Claims [J]. The Journal of Law and Economics, 1983, 26 (2): 327 - 349.

[162] Fang L. H., Lerner J., Wu C.. Intellectual Property Rights Protection, Ownership, and Innovation: Evidence from China [J]. The Review of Financial Studies, 2017, 30 (7): 2446 - 2477.

[163] Ferris S P, Jagannathan M, Pritchard A C. Too Busy to Mind the Business? Monitoring by Directors with Multiple Board Appointments [J]. The Journal of finance, 2003, 58 (3): 1087 - 1111.

[164] Fich E M, Shivdasani A. Are Busy Boards Effective Monitors? [J]. The Journal of Finance, 2006, 61 (2): 689 - 724.

[165] Fich E M, White L J. Why Do CEOs Reciprocally Sit on Each Other's

Boards? [J]. Journal of Corporate Finance, 2005, 11 (1): 175 - 195.

[166] Fiol C M, Lyles M A. Organizational Learning [J]. Academy of Management Review, 1985, 10 (4): 803 - 813.

[167] Florida R. The Economic Geography of talent [J]. Annals of the Association of American Geographers, 2002, 92 (4): 743 - 755.

[168] Floyd S W, Wooldridge B. Knowledge Creation and Social Networks in Corporate Entrepreneurship: The Renewal of Organizational Capability [J]. Entrepreneurship Theory and Practice, 1999, 23 (3): 123 - 144.

[169] Fracassi C, Tate G. External Networking and Internal Firm Governance [J]. The Journal of Finance, 2012, 67 (1): 153 - 194.

[170] Fracassi C. Corporate Finance Policies and Social Networks [J]. Management Science, 2017, 63 (8): 2420 - 2438.

[171] Gagliardi D. Next Generation Entrepreneur: Innovation Strategy Through Web 2.0 Technologies in SMEs [J]. Technology Analysis & Strategic Management, 2013, 25 (8): 891 - 904.

[172] Gao H., Hsu H., Li K.. Innovation Strategy of Private Firms [J]. Journal of Financial and Quantitative Analysis, 2018, (11): 1 - 32.

[173] Gaspar J M, Massa M. Local Ownership as Private Information: Evidence on the Monitoring - liquidity Trade - off [J]. Journal of Financial Economics, 2007, 83 (3): 751 - 792.

[174] Girdauskienė L, Savanevičienė A. Influence of Knowledge Culture on Effective Knowledge Transfer [J]. Engineering Economics, 2007, 54 (4).

[175] Gleason C A, Jenkins N T, Johnson W B. The Contagion Effects of Accounting Restatements [J]. The Accounting Review, 2008, 83 (1): 83 - 110.

[176] Granovetter M. Economic Action and Social Structure: The Problem of Em-

beddedness [J]. American Journal of Sociology, 1985, 91 (3): 481-510.

[177] Granovetter M. The Impact of Social Structure on Economic Outcomes [J]. The Journal of Economic Perspectives, 2005, 19 (1): 33-50.

[178] Greve H R. Interorganizational Learning and Heterogeneous Social Structure [J]. Organization Studies, 2005, 26 (7): 1025-1047.

[179] Guedj I, Barnea A. CEO Compensation and Director Networks [C] // EFA 2007 Ljubljana Meetings Paper, 2007.

[180] Guiso L., Sapienza P., Zingales L. Does Culture Affect Economic Outcomes? [J]. Journal of Economic Perspectives, 2006 (2): 23-48.

[181] Gulati R. Alliances and Networks [J]. Strategic Management Journal, 1998, 19 (4): 293-317.

[182] Haleblian J, Finkelstein S. The Influence of Organizational Acquisition Experience on Acquisition Performance: A Behavioral Learning Perspective [J]. Administrative Science Quarterly, 1999, 44 (1): 29-56.

[183] Hallock K F. Reciprocally Interlocking Boards of Directors and Executive Compensation [J]. Journal of Financial and Quantitative Analysis, 1997, 32 (3): 331-344.

[184] Hall, B. H. and J. Lerner., The Financing of R&D and Innovation [J]. Handbook of the Economics of Innovation, 2010 (1): 609-639.

[185] Hannan M T, Freeman J. Structural Inertia and Organizational Change [J]. American Sociological Review, 1984: 149-164.

[186] Haunschild P R. Interorganizational Imitation: The Impact of Interlocks on Corporate Acquisition Activity [J]. Administrative Science Quarterly, 1993: 564-592.

[187] Henderson J, Cool K. Learning to Time Capacity Expansions: An Empiri-

cal Analysis of the Worldwide Petrochemical Industry, 1975 – 1995 [J]. Strategic Management Journal, 2003, 24 (5): 393 –413.

[188] Henisz W J, Delios A. Uncertainty, Imitation, and Plant Location: Japanese Multinational Corporations, 1990 – 1996 [J]. Administrative Science Quarterly, 2001, 46 (3): 443 –475.

[189] Hirshleifer D A, Teoh S H. Thought and Behavior Contagion in Capital Markets [J]. Handbook of Financial Markets: Dynamics and Evolution, 2009.

[190] Hossain M, Lim C Y, Tan P M S. Corporate Governance, Legal Environment, and Auditor Choice in Emerging Markets [J]. Review of Pacific Basin Financial Markets and Policies, 2010, 13 (1): 91 –126.

[191] Hsu, Po – Hsuan, Xuan Tian, and Yan Xu. Financial Development and Innovation: Cross – country Evidence, Journal of Financial Economics, 2014, 112 (1): 116 –135.

[192] Hurley R F, Hult G T M. Innovation, Market Orientation, and Organizational Learning: An Integration and Empirical Examination [J]. Journal of Marketing, 1998, 62 (3): 42 –54.

[193] Hwang B H, Kim S. It Pays to Have Friends [J]. Journal of Financial Economics, 2009, 93 (1): 138 –158.

[194] Ivkovic Z, Weisbenner S. Local Does As Local Is: Information Content of the Geography of Individual Investors' Common Stock Investments [J]. The Journal of Finance, 2005, 60 (1): 267 –306.

[195] Jackson M O. Social and Economic Networks [M]. Princeton University Press, 2010.

[196] Jacobs J. The Economy of Cities [M]. Vintage, 1969.

[197] Jarillo J C. On Strategic Networks [J]. Strategic Management Journal,

1988, 9 (1): 31-41.

[198] John K, Knyazeva A, Knyazeva D. Does Geography Matter? Firm Location and Corporate Payout Policy [J]. Journal of Financial Economics, 2011, 101 (3): 533-551.

[199] Kanagaretnam K., C. Y. Lim and G. J. Lobo, Effects of National Culture on Earnings Quality of Banks, Journal of International Business Studies, 2011, 42 (6): 853-874.

[200] Kang E, Tan B R. Accounting Choices and Director Interlocks: A Social Network Approach to the Voluntary Expensing of Stock Option Grants [J]. Journal of Business Finance & Accounting, 2008, 35 (9-10): 1079-1102.

[201] Katila R, Ahuja G. Something Old, Something New: A Longitudinal Study of Search Behavior and New Product Introduction [J]. Academy of Management Journal, 2002, 45 (6): 1183-1194.

[202] Katz D, Kahn R L. The Social Psychology of Organizations [M]. New York: Wiley, 1978.

[203] Kedia S, Koh K, Rajgopal S. Evidence on Contagion in Earnings Management [J]. The Accounting Review, 2015, 90 (6): 2337-2373.

[204] Kono C, Palmer D, Friedland R, et al. Lost in Space: The Geography of Corporate Interlocking Directorates [J]. American Journal of Sociology, 1998, 103 (4): 863-911.

[205] Kostova T, Roth K. Social Capital in Multinational Corporations and a Micro-macro Model of Its Formation [J]. Academy of Management Review, 2003, 28 (2): 297-317.

[206] Krackhardt D, Nohria N, Eccles R. Networks and Organizations: Structure, Form, and Action [J]. Harvard Business School Press, Ch. The Strength of

Stong Ties: The Importance of Philos in Organizations, 1992: 216 – 239.

[207] Kramarz F, Thesmar D. Social Networks in the Boardroom [J]. Journal of the European Economic Association, 2013, 11 (4): 780 – 807.

[208] Krugman P. Increasing Returns and Economic Geography [J]. Journal of Political Economy, 1991, 99 (3): 483 – 499.

[209] Kuhnen C M. Business Networks, Corporate Governance, and Contracting in the Mutual Fund Industry [J]. The Journal of Finance, 2009, 64 (5): 2185 – 2220.

[210] Lane J, Lane A M, Kyprianou A. Self – efficacy, Self – esteem and Their Impact on Academic Performance [J]. Social Behavior and Personality: An International Journal, 2004, 32 (3): 247 – 256.

[211] Lane, P J, Salk, J E, Lyles, M A. Absorptive Capacity, Learning, and Performance in International Joint Ventures [J]. Strategic Management Journal, 2001, 22 (12): 1139 – 1161.

[212] Larcker D F, So E C, Wang C C Y. Boardroom Centrality and Firm Performance [J]. Journal of Accounting and Economics, 2013, 55 (2): 225 – 250.

[213] Laumann E O, Galaskiewicz J, Marsden P V. Community Structure as Interorganizational Linkages [J]. Annual Review of Sociology, 1978, 4 (1): 455 – 484.

[214] La Porta R, Lopez – de – Silanes F, Shleifer A. Corporate Ownership Around the World [J]. Journal of Finance, 1999, 54 (2): 471 – 517.

[215] Lennox C S, Yu J. The Role of Director and Executive Interlocks in Mitigating Uncertainty in Auditor Hiring Decisions [J]. Available at SSRN 2585842, 2015.

[216] Levitt B, March J G. Organizational Learning [J]. Annual Review of

Sociology, 1988, 14 (1): 319-338.

[217] Lieberman M B, Asaba S. Why do Firms Imitate Each Other? [J]. Academy of Management Review, 2006, 31 (2): 366-385.

[218] Lin M, Chen Q, Yan S. Network in Network [J]. arXiv Preprint arXiv: 1312.4400, 2013.

[219] Loughran T, Schultz P. Liquidity: Urban Versus Rural Firms [J]. Journal of Financial Economics, 2005, 78 (2): 341-374.

[220] Lu X, Wang J, Dong D. Busy Boards and Corporate Performance [J]. China Finance Review International, 2013, 3 (2): 203-219.

[221] Lucas Jr. R E. On the Mechanics of Economic Development [J]. Journal of Monetary Economics, 1988, 22 (1): 3-42.

[222] Lyles M A, Salk J E. Knowledge Acquisition from Foreign Parents in International Joint Ventures: An Empirical Examination in the Hungarian Context [J]. Journal of International Business Studies, 1996, 27 (5): 877-903.

[223] Malloy C J. The Geography of Equity Analysis [J]. The Journal of Finance, 2005, 60 (2): 719-755.

[224] Marshall A. Some Aspects of Competition [M]. Harrison and Sons, 1890.

[225] Menon T, Pfeffer J. Valuing internal vs External Knowledge: Explaining the Preference for Outsiders [J]. Management Science, 2003, 49 (4): 497-513.

[226] Milliken F J. Three Types of Perceived Uncertainty about the Environment: State, Effect, and Response Uncertainty [J]. Academy of Management Review, 1987, 12 (1): 133-143.

[227] Mizruchi M S. Social Network Analysis: Recent Achievements and Current Controversies [J]. Acta Sociologica, 1994, 37 (4): 329-343.

[228] Nadel G H. Australia's Colonial Culture: Ideas, Men, and Institutions in Mid-nineteenth Century Eastern Australia [M]. Harvard University Press, 1957.

[229] Nadkarni S, Narayanan V K. Strategic Schemas, Strategic Flexibility, and Firm Performance: The Moderating Role of Industry Clockspeed [J]. Strategic Management Journal, 2007, 28 (3): 243-270.

[230] Network Analysis: Studies in Human Interaction [M]. Mouton, 1973.

[231] Nguyen B D. Does the Rolodex Matter? Corporate elite's Small World and the Effectiveness of Boards of Directors [J]. Management Science, 2012, 58 (2): 236-252.

[232] Nisbett R E, Ross L. Human Inference: Strategies and Shortcomings of Social Judgment [J]. 1980.

[233] Non M C, Franses P H. Interlocking Boards and Firm Performance: Evidence from a New Panel Database [J]. Available at SSRN 978189, 2007.

[234] Nonaka I, Takeuchi H. The Knowledge-creating Company: How Japanese Companies Create the Dynamics of Innovation [M]. Oxford University Press, 1995.

[235] Nanda R, Nicholas T. Did Bank Distress Stifle Innovation During the Great Depression [J]. Journal of Financial Economics, 2014, 114 (2): 273-292.

[236] Ottaviano, G. I. P, and Peri, G. The Economic Value of Cultural Diversity: Evidence from US Cities [J]. Journal of Economic Geography, 2006, 6 (1): 9-44.

[237] Palmer D, Friedland R, Singh J V. The Ties That Bind: Organizational and Class Bases of Stability in a Corporate Interlock Network [J]. American Sociological Review, 1986: 781-796.

[238] Peng M W, Luo Y. Managerial ties and Firm Performance in a Transition

Economy: The Nature of a Micro – macro Link [J]. Academy of Management Journal, 2000, 43 (3): 486 – 501.

[239] Peng M W. The Resource – based View and International Business [J]. Journal of Management, 2001, 27 (6): 803 – 829.

[240] Petersen M A, Rajan R G. Does Distance Still Matter? The Information Revolution in Small Business Lending [J]. The Journal of Finance, 2002, 57 (6): 2533 – 2570.

[241] Polanyi M. Personal Knowledge [M]. Routledge, 1958.

[242] Porter M E. The Competitive Advonioge of Notions [J]. Harvard Business Review, 1990.

[243] Qian H, Stough R R. The Effect of Social Diversity on Regional Innovation: Measures and Empirical Evidence [J]. International Journal of Foresight and Innovation Policy, 2011, 7 (1 – 3): 142 – 157.

[244] Qian, H., 2013, Diversity Versus Tolerance: The Social Drivers of Innovation and Entre Preneurship in US Cities [J]. Urban Studies, 50 (13): 2718 – 2735.

[245] Radcliffe – Brown A R. On Social Structure [J]. The Journal of the Royal Anthropological Institute of Great Britain and Ireland, 1940, 70 (1): 1 – 12.

[246] Ranft A L, Lord M D. Acquiring New Technologies and Capabilities: A Grounded Model of Acquisition Implementation [J]. Organization Science, 2002, 13 (4): 420 – 441.

[247] Riahi – Belkaoui A. Law, Religiosity and Earnings Opacity Internationally [J]. International Journal of Accounting, Auditing and Performance Evaluation, 2004, 1 (4): 493 – 502.

[248] Rogers E M, Kincaid D L. Communication Networks: Toward a New Para-

digm for Research [M]. Free Press, 1981.

[249] Rostow W W. The Problem of Achieving and Maintaining a High Rate of Economic Growth: A Historian's View [J]. The American Economic Review, 1960, 50 (2): 106 – 118.

[250] Rothwell R. Towards the fifth – generation Innovation Process [J]. International Marketing Review, 1994, 11 (1): 7 – 31.

[251] Ruan J, Xie Z, Zhang X. Does Rice Farming Shape Individualism and Innovation? [J]. Food Policy, 2015, 56: 51 – 58.

[252] Rumelt R P. How Much Does Industry Matter? [J]. Strategic Management Journal, 1991, 12 (3): 167 – 185.

[253] Sathishkumar, A, Karthikeyan, P. A Study On Effective Organizational Learning through Knowledge Management Model [J]. International Journal of Research in Commerce & Management, 2017, 8 (4): 1 – 13.

[254] Schmidt B. Costs and Benefits of Friendly Boards During Mergers and Acquisitions [J]. Journal of Financial Economics, 2015, 117 (2): 424 – 447.

[255] Schonlau R, Singh P V. Board Networks and Merger Performance [J]. Available at SSRN 1322223, 2009.

[256] Schuler R., Jackson S. HR Issues and Activities in Mergers and Acquisitions [J]. European Management Journal, 2001, 19 (3): 239 – 253.

[257] Senge P. Peter Senge and the Learning Organization [J]. Rcuperado de, 1990.

[258] Shivdasani A. Board composition, ownership structure, and hostile takeovers [J]. Journal of Accounting and Economics, 1993, 16 (1 – 3): 167 – 198.

[259] Shropshire C. The Role of the Interlocking Director and Board Receptivity in the Diffusion of Practices [J]. Academy of Management Review, 2010, 35 (2):

246 - 264.

[260] Simmel G. Sociology of the Senses: Visual Interaction [J]. Introduction to the Science of Sociology, 1921, 3.

[261] Simonen, J. and McCannP., 2008, FirmInnovation: The Influence of R&D Cooperation and the Geography of Human Capital Inputs [J]. Journal of Urban Economics, 64 (1): 146 - 154.

[262] Simsek Z, Lubatkin M H, Floyd S W. Inter - firm Networks and Entrepreneurial Behavior: A Structural Embeddedness Perspective [J]. Journal of Management, 2003, 29 (3): 427 - 442.

[263] Social Capital: Theory and Research [M]. Transaction Publishers, 2001.

[264] Social Structures: A Network Approach [M]. CUP Archive, 1988.

[265] Steensma, H. K., Tihanyi, L., Lyles, M., & Dhanaraj, C. 2005. The Evolving Value of Foreign Partnerships in Transitioning Economies [J]. Academy of Management Journal, 48: 213 - 235.

[266] Stuart T E, Yim S. Board Interlocks and the Propensity to be Targeted in Private Equity Transactions [J]. Journal of Financial Economics, 2010, 97 (1): 174 - 189.

[267] Subrahmanyam A. Social Networks and Corporate Governance [J]. European Financial Management, 2008, 14 (4): 633 - 662.

[268] Talhelm T, Zhang X, Oishi S, et al. Large - scale Psychological Differences Within China Explained by Rice Versus Wheat Agriculture [J]. Science, 2014, 344 (6184): 603 - 608.

[269] Terlaak A, Gong Y. Vicarious Learning and Inferential Accuracy in Adoption Processes [J]. Academy of Management Review, 2008, 33 (4): 846 - 868.

[270] Thorelli H B. Networks: Between Markets and Hierarchies [J]. Strategic Management Journal, 1986, 7 (1): 37 –51.

[271] Tuggle C S, Sirmon D G, Reutzel C R, et al. Commanding Board of Director Attention: Investigating How Organizational Performance and CEO Duality Affect Board Members' Attention to Monitoring [J]. Strategic Management Journal, 2010, 31 (9): 946 –968.

[272] Peng M W, Luo Y. Managerial Ties and Firm Performance in a Transition Economy: The Nature of a Micro – macro Link [J]. Academy of Management Journal, 2000, 43 (3): 486 –501.

[273] Uysal V B, Kedia S, Panchapagesan V. Geography and Acquirer Returns [J]. Journal of Financial Intermediation, 2008, 17 (2): 256 –275.

[274] Uzzi B, Lancaster R. Relational Embeddedness and Learning: The Case of Bank Loan Managers and Their Clients [J]. Management Science, 2003, 49 (4): 383 –399.

[275] Uzzi B. Social Structure and Competition in Interfirm Networks: The Paradox of Embeddedness [J]. Administrative Science Quarterly, 1997: 35 –67.

[276] Vafeas N. Board Meeting Frequency and Firm Performance [J]. Journal of Financial Economics, 1999, 53 (1): 113 –142.

[277] Wasserman S, Faust K. Social Network Analysis: Methods and Applications [M]. Cambridge University Press, 1994.

[278] Wong L H H, Gygax A F, Wang P. Board Interlocking Network and the Design of Executive Compensation Packages [J]. Social Networks, 2015, 41: 85 –100.

[279] Yli – Renko H, Autio E, Sapienza H J. Social Capital, Knowledge Acquisition, and Knowledge Exploitation in Young Technology – based Firms [J]. Strategic

Management Journal, 2001, 22 (6 –7): 587 –613.

[280] Zaheer A, McEvily B, Perrone V. Does Trust Matter? Exploring the Effects of Interorganizational and Interpersonal Trust on Performance [J]. Organization Science, 1998, 9 (2): 141 –159.

[281] Zahra S A, Ireland R D, Hitt M A. International Expansion by New Venture Firms: International Diversity, Mode of Market Entry, Technological Learning, and Performance [J]. Academy of Management Journal, 2000, 43 (5): 925 –950.

[282] Zajac E J, Westphal J D. Director Reputation, CEO/Board Power, and the Dynamics of Board Interlocks [C]. Academy of Management, 1996 (1): 254 –258.